ⓦ 완자

공부력

KB118650

Q 왜 공부력을 키워야 할까요?

쓰기력

정확한 의사소통의 기본기이며 논리의 바탕

연필을 잡고 종이에 쓰는 것을 괴로워한다!
맞춤법을 몰라 정확한 쓰기를 못한다!
말은 잘하지만 조리 있게 쓰는 것이 어렵다!
그래서 글쓰기의 기본 규칙을 정확히 알고
써야 공부 능력이 향상됩니다.

어휘력

교과 내용 이해와 독해력의 기본 바탕

어휘를 몰라서 수학 문제를 못 푼다!
어휘를 몰라서 사회, 과학 내용 이해가 안 된다!
어휘를 몰라서 수업 내용을 따라가기 어렵다!
그래서 교과 내용 이해의 기본 바탕을
다지기 위해 어휘 학습을 해야 합니다.

독해력

모든 교과 실력 향상의 기본 바탕

글을 읽었지만 무슨 내용인지 모른다!
글을 읽고 이해하는 데 시간이 오래 걸린다!
읽어서 이해하는 공부 방식을 거부하려고 한다!
그래서 통합적 사고력의 바탕인 독해 공부로
교과 실력 향상의 기본기를 닦아야 합니다.

계산력

초등 수학의 핵심이자 기본 바탕

계산 과정의 실수가 잦다!
계산을 하긴 하는데 시간이 오래 걸린다!
계산은 하는데 계산 개념을 정확히 모른다!
그래서 계산 개념을 익히고 속도와 정확성을
높이기 위한 훈련을 통해 계산력을 키워야 합니다.

세상이 변해도
배움의 즐거움은
변함없도록

시대는 빠르게 변해도
배움의 즐거움은
변함없어야 하기에

어제의 비상은
남다른 교재부터
결이 다른 콘텐츠
전에 없던 교육 플랫폼까지

변함없는 혁신으로
교육 문화 환경의 새로운 전형을
실현해왔습니다.

비상은 오늘, 다시 한번
새로운 교육 문화 환경을 실현하기 위한
또 하나의 혁신을 시작합니다.

오늘의 내가 어제의 나를 초월하고
오늘의 교육이 어제의 교육을 초월하여
배움의 즐거움을 지속하는 혁신,

바로, 메타인지 기반 완전 학습을.

상상을 실현하는 교육 문화 기업 비상

메타인지 기반 완전 학습

초월을 뜻하는 meta와 생각을 뜻하는 인지가 결합한 메타인지는
자신이 알고 모르는 것을 스스로 구분하고 학습계획을 세우도록 하는
궁극의 학습 능력입니다. 비상의 메타인지 기반 완전 학습 시스템은
잠들어 있는 메타인지를 깨워 공부를 100% 내 것으로 만들도록 합니다.

완자

공부력

초등 한국사 독해
시대편 4

초등 한국사 독해 시대편 한눈에 보기

한국사 주요 주제를 반영한 글감을 통해
풍부한 역사 지식과 독해 실력을 키워요!

특징과 활용법

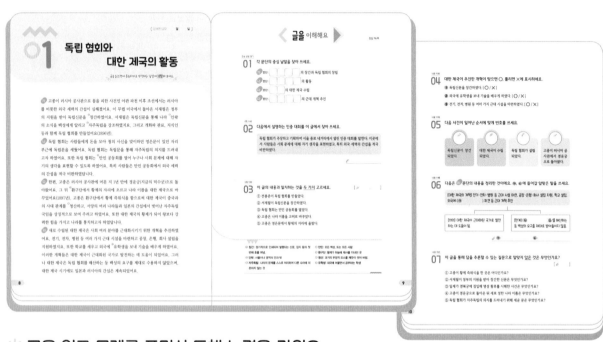

✳ 글을 읽고 문제를 풀면서 독해 능력을 키워요.

✳ 글의 흐름을 파악하면서 한국사 주요 사건에 대한
지식을 습득해요.

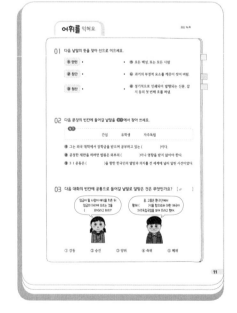

✳ 글에 나온 한국사 어휘를 다양한
문제를 통해 재미있게 익혀요.

✅ 책으로 하루 4쪽 공부하며, 초등 독해력을 키워요!
✅ 모바일앱으로 공부한 내용을 복습하고 몬스터를 잡아요!

공부한 내용 확인하기

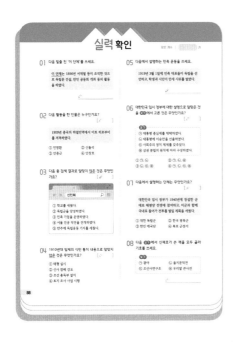

✻ 20일 동안 공부한 내용을 정리 💡
해 보며 자기의 실력을 확인해요.

모바일앱으로 복습하기

앱 다운받기

책 인증하기

✻ 그날 배운 내용을 바로바로,
또는 주말에 모아서 복습하고,
다이아몬드 획득까지! 💎
공부가 저절로 즐거워져요!

차례

우리도 하루 4쪽 공부 습관!
스스로 공부하는 힘을
키워 볼까요?

큰 습관이
지금은 그 친구를 이끌고 있어요.
매일매일의 좋은 습관은 우리를 좋은
곳으로 이끌어줄 거예요.

한 친구가
작은 습관을 만들었어요.

매일매일의 시간이 흘러
작은 습관은 큰 습관이 되었어요.

독립 협회와 대한 제국의 활동

글을 읽으면서 중요하다고 생각하는 낱말에 색칠해 보세요.

가 고종이 러시아 공사관으로 몸을 피한 사건인 아관 파천 이후 조선에서는 러시아를 비롯한 외국 세력의 간섭이 심해졌어요. 이 무렵 미국에서 돌아온 서재필은 정부의 지원을 받아 독립신문을 ^①창간하였어요. 서재필은 독립신문을 통해 나라 ^②안팎의 소식을 백성에게 알리고 ^③자주독립을 강조하였지요. 그리고 개화파 관료, 지식인 등과 함께 독립 협회를 만들었어요(1896년).

나 독립 협회는 사람들에게 돈을 모아 청의 사신을 맞이하던 영은문이 있던 자리 부근에 독립문을 세웠어요. 독립 협회는 독립문을 통해 자주독립의 의지를 드러내고자 하였어요. 또한 독립 협회는 ^④만민 공동회를 열어 누구나 사회 문제에 대해 자기의 생각을 표현할 수 있도록 하였어요. 특히 사람들은 만민 공동회에서 외국 세력의 간섭을 적극 비판하였답니다.

다 한편, 고종은 러시아 공사관에 머문 지 1년 만에 경운궁(지금의 덕수궁)으로 돌아왔어요. 그 뒤 ^⑤환구단에서 황제의 자리에 오르고 나라 이름을 대한 제국으로 바꾸었어요(1897년). 고종은 환구단에서 황제 즉위식을 함으로써 대한 제국이 중국과의 사대 관계를 ^⑥청산하고, 서양의 여러 나라들과 일본의 간섭에서 벗어난 자주독립국임을 상징적으로 보여 주려고 하였어요. 또한 대한 제국의 황제가 되어 왕보다 강력한 힘을 가지고 나라를 통치하고자 하였답니다.

라 새로 수립된 대한 제국은 사회 여러 분야를 근대화시키기 위한 개혁을 추진하였어요. 전기, 전차, 병원 등 여러 가지 근대 시설을 마련하고 공장, 은행, 회사 설립을 지원하였지요. 또한 학교를 세우고 외국에 ^⑦유학생을 보내 기술을 배우게 하였어요. 이러한 개혁들은 대한 제국이 근대화된 국가로 발전하는 데 도움이 되었어요. 그러나 대한 제국은 독립 협회를 해산하는 등 백성의 요구를 제대로 수용하지 않았으며, 대한 제국 시기에도 일본과 러시아의 간섭은 계속되었어요.

정답 96쪽

중심 낱말 찾기

01 각 문단의 중심 낱말을 찾아 쓰세요.

가 문단: ☐☐☐☐ 의 창간과 독립 협회의 창립

나 문단: ☐☐☐ 의 활동

다 문단: ☐☐ 의 대한 제국 수립

다 문단: ☐☐☐☐ 의 근대 개혁 추진

내용 이해

02 다음에서 설명하는 민중 대회를 이 글에서 찾아 쓰세요.

> 독립 협회가 주장하고 기획하여 서울 종로 네거리에서 열린 민중 대회를 말한다. 이곳에서 사람들은 사회 문제에 대해 자기 생각을 표현하였고, 특히 외국 세력의 간섭을 적극 비판하였다.

내용 이해

03 이 글의 내용과 일치하는 것을 두 가지 고르세요. [✐　,　]

① 전봉준이 독립 협회를 만들었다.

② 서재필이 독립신문을 창간하였다.

③ 독립 협회는 만민 공동회를 열었다.

④ 고종은 나라 이름을 고려로 바꾸었다.

⑤ 고종은 영은문에서 황제의 자리에 올랐다.

---

❶ **창간**: 정기적으로 인쇄되어 발행되는 신문, 잡지 등의 첫 번째 호를 펴냄.

❷ **안팎**: 사물이나 영역의 안과 밖

❸ **자주독립**: 나라의 문제를 스스로 처리하여 다른 나라에 의존하지 않는 것

❹ **만민**: 모든 백성, 또는 모든 사람

❺ **환구단**: 황제가 하늘에 제사를 지내던 곳

❻ **청산**: 과거의 부정적 요소를 깨끗이 씻어 버림.

❼ **유학생**: 외국에 머물면서 공부하는 학생

04 대한 제국이 추진한 개혁이 맞으면 ○, 틀리면 ✕에 표시하세요.

1 독립신문을 창간하였다. [○ / ✕]

2 외국에 유학생을 보내 기술을 배우게 하였다. [○ / ✕]

3 전기, 전차, 병원 등 여러 가지 근대 시설을 마련하였다. [○ / ✕]

05 다음 사건이 일어난 순서에 맞게 번호를 쓰세요.

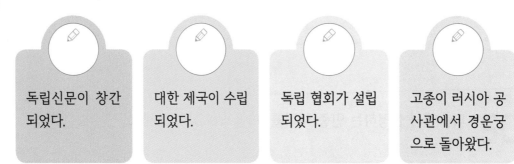

독립신문이 창간 되었다.

대한 제국이 수립 되었다.

독립 협회가 설립 되었다.

고종이 러시아 공 사관에서 경운궁 으로 돌아왔다.

06 다음은 라 문단의 내용을 정리한 것이에요. ㄱ, ㄴ에 들어갈 알맞은 말을 쓰세요.

[대한 제국의 개혁] 전기·전차·병원 등 근대 시설 마련, 공장·은행·회사 설립 지원, 학교 설립, 외국에 (ㄱ   ) 파견 등 근대 개혁 추진

[의의] 대한 제국이 근대화된 국가로 발전 하는 데 도움이 됨.

[한계] (ㄴ   )을/를 해산하는 등 백성의 요구를 제대로 받아들이지 않음.

ㄱ: ㄴ:

07 이 글을 통해 답을 추론할 수 있는 질문으로 알맞지 <u>않은</u> 것은 무엇인가요?

[   ]

① 고종이 황제 즉위식을 한 곳은 어디인가요?

② 서재필이 정부의 지원을 받아 창간한 신문은 무엇인가요?

③ 일제가 경복궁에 침입해 명성 황후를 시해한 사건은 무엇인가요?

④ 고종이 경운궁으로 돌아온 뒤 새로 정한 나라 이름은 무엇인가요?

⑤ 독립 협회가 자주독립의 의지를 드러내기 위해 세운 문은 무엇인가요?

어휘를 익혀요

01 다음 낱말의 뜻을 찾아 선으로 이으세요.

1 만민 •
2 창간 •
3 청산 •

• ㄱ 모든 백성, 또는 모든 사람
• ㄴ 과거의 부정적 요소를 깨끗이 씻어 버림.
• ㄷ 정기적으로 인쇄되어 발행되는 신문, 잡지 등의 첫 번째 호를 펴냄.

02 다음 문장의 빈칸에 들어갈 낱말을 (보기)에서 찾아 쓰세요.

보기

간섭   유학생   자주독립

1 그는 외국 대학에서 장학금을 받으며 공부하고 있는 (   )이다.
2 공정한 재판을 하려면 법원은 외부의 (   )이나 영향을 받지 않아야 한다.
3 3·1 운동은 (   )을 향한 한국인의 열망과 의지를 전 세계에 널리 알린 사건이었다.

03 다음 대화의 빈칸에 공통으로 들어갈 낱말로 알맞은 것은 무엇인가요? [   ]

임금이 될 사람이 예식을 치른 뒤 임금의 자리에 오르는 것을 (   )(이)라고 하지?

응. 고종은 환구단에서 황제 (   )식을 함으로써 대한 제국이 자주독립국임을 보여 주려고 했어.

① 강등   ② 승진   ③ 양위   ④ 즉위   ⑤ 폐위

을사늑약의 체결과 저항

글을 읽으면서 중요하다고 생각하는 낱말에 색칠해 보세요.

가 대한 제국은 서양의 여러 나라들과 외교 활동을 하여 대한 제국이 다른 나라의 간섭을 받지 않고 나라의 문제를 스스로 결정하고 처리할 수 있는 권리를 지키기 위해 노력하였어요. 하지만 일본과 러시아가 만주와 한반도의 지배권을 놓고 전쟁을 벌였고(러일 전쟁), 이 전쟁에서 승리한 일본은 점점 더 대한 제국에 간섭하였지요. 이러한 상황에서 일본은 이토 히로부미를 보내 대한 제국의 **❶**외교권을 빼앗는 조약을 강제로 체결하였는데, 이를 을사**❷**늑약이라고 해요(1905년).

나 을사늑약의 소식이 알려지자 전국에서 이에 반대하는 운동이 일어났어요. 명성 황후의 먼 친척으로 대한 제국의 관리였던 민영환은 을사늑약이 체결되었다는 소식을 듣자 이천만 동포에게 알린다는 내용의 유서를 남기고 스스로 목숨을 끊었어요. 또한 당시 민족의식을 높이고자 노력하였던 언론 기관인 황성신문은 을사늑약의 부당함을 규탄하는 글을 실었어요.

다 고종은 일제가 대한 제국의 대신들을 위협하여 을사늑약을 체결하였고, 을사늑약 조약문에 자신이 서명하지 않았기 때문에 을사늑약이 **❸**무효임을 선언하였어요. 그리고 1907년 네덜란드 헤이그에서 열리는 국제회의에 세 명의 **❹**특사를 보내 을사늑약이 무효임을 국제 사회에 알리고자 하였지요. 그러나 이러한 노력은 일본의 방해로 성과를 거두지 못하였어요. 오히려 일제는 이를 구실로 삼아 고종을 황제 자리에서 강제로 물러나게 하였답니다. 그리고 대한 제국의 군대도 해산하였어요.

라 한편, 안중근은 을사늑약 체결 이후 연해주에서 의병 운동을 펼쳤어요. 그는 우리나라 침략에 앞장선 이토 히로부미가 만주에 온다는 소식을 듣고, 중국의 하얼빈 역에서 이토 히로부미를 **❺**저격하였어요(1909년). 안중근은 그 자리에서 붙잡혔고, 이후 뤼순 감옥에 갇혀 재판을 받았어요. 재판에서 안중근은 일본의 **❻**만행을 밝히며 민족의 독립 의지를 널리 알렸어요. 그러나 안중근은 결국 사형을 **❼**선고받았어요.

글을 이해해요

정답 97쪽

중심 낱말 찾기

01 다음에서 설명하는 조약을 이 글에서 찾아 쓰세요.

러일 전쟁에서 승리한 일본이 이토 히로부미를 대한 제국에 보내 1905년 강제로 체결한 조약이다. 일본에 대한 제국의 외교권을 넘긴다는 내용이 담겨 있다.

내용 이해

02 이 글의 내용과 일치하도록 괄호 안의 낱말 중 알맞은 것에 ◯표 하세요.

❶ 일본은 1905년 대한 제국의 [경찰권 / 외교권]을 빼앗는 조약을 강제로 체결하였다.

❷ [민영환 / 안중근]은 중국의 하얼빈역에서 우리나라 침략에 앞장선 이토 히로부미를 저격하였다.

❸ 일제는 네덜란드에서 열리는 국제회의에 특사를 보낸 것을 구실로 [고종 / 순종]을 강제로 황제 자리에서 물러나게 하였다.

내용 이해

03 이 글의 내용과 일치하는 것은 무엇인가요? [✏]

① 일본은 러일 전쟁에서 패배하였다.

② 고종은 을사늑약의 조약문에 서명하였다.

③ 황성신문은 을사늑약이 정당하다는 글을 실었다.

④ 민영환은 을사늑약 체결 소식을 듣자 스스로 목숨을 끊었다.

⑤ 이토 히로부미는 을사늑약이 무효임을 국제 사회에 알리고자 하였다.

---

❶ 외교권: 주권 국가로서 외국과 외교를 할 수 있는 권리

❷ 늑약: 강제로 맺은 조약

❸ 무효: 효력이나 효과가 없음.

❹ 특사: 나라를 대표하여 특별한 임무를 가지고 외국에 보내어지는 사람

❺ 저격: 일정한 대상을 노려서 치거나 총을 쏨.

❻ 만행: 도리에 벗어난 잔인한 일

❼ 선고: 형사 사건을 심사하는 법정에서 재판장이 판결을 알리는 일

04 다음 인물이 을사늑약에 저항한 내용을 선으로 이으세요.

| 인물 | ❶ 고종 | ❷ 민영환 | ❸ 안중근 |

| 저항 | ㉠ 유서를 남기고 스스로 목숨을 끊었다. | ㉡ 우리나라 침략에 앞장선 이토 히로부미를 하얼빈역에서 저격하였다. | ㉢ 헤이그에 특사를 보내 을사늑약이 무효임을 국제 사회에 알리고자 하였다. |

05 다음은 을사늑약 체결 이후에 있었던 사실을 나타낸 것이에요. (가)에 들어갈 내용으로 알맞은 것은 무엇인가요? [✎   ]

| 을사늑약이 체결되었다. | > | (가) | > | 고종이 황제 자리에서 물러났다. | > | 안중근이 이토 히로부미를 저격하였다. |

① 대한 제국의 군대가 해산되었다.

② 서재필이 독립 협회를 만들었다.

③ 고종이 헤이그에 특사를 파견하였다.

④ 안중근이 뤼순 감옥에 갇혀 재판을 받았다.

⑤ 고종이 러시아 공사관에서 경운궁으로 돌아왔다.

06 안중근이 이토 히로부미를 저격해 죽인 까닭을 바르게 말한 어린이는 누구인지 쓰세요.

| 찬영 | 일제가 네덜란드 헤이그에서 열린 국제회의에 특사를 파견하였기 때문이야. |
| 지민 | 일제가 을사늑약을 체결하고 고종을 강제로 황제 자리에서 물러나게 하였기 때문이야. |

✎ _____

어휘를 익혀요

01 다음 뜻을 나타내는 낱말을 쓰세요.

❶ 도리에 벗어난 잔인한 일 ☐☐

❷ 일정한 대상을 노려서 치거나 총을 쏨. ☐☐

❸ 형사 사건을 심사하는 법정에서 재판장이 판결을 알리는 일 ☐☐

02 다음 문장의 빈칸에 들어갈 낱말을 보기에서 찾아 쓰세요.

> **보기**
>
> 반대   위협   체결

❶ 삼별초는 고려가 몽골과 강화하는 것에 (   )하였다.

❷ 일본은 운요호 사건을 구실로 하여 조선을 (   )하며 통상을 요구하였다.

❸ 우리나라는 세계 여러 나라와 협약을 (   )하기도 하며 함께 발전하고 있다.

03 다음 빈칸에 들어갈 낱말로 알맞은 것은 무엇인가요? [✏]

이 교환권은 올해가 지나면 (   )이니 올해 안에 써야 해.

아, 올해가 지나면 교환권의 효력이 없어지는구나!

① 무고   ② 무시   ③ 무한   ④ 무형   ⑤ 무효

03 항일 의병 운동과 애국 계몽 운동

글을 읽으면서 중요하다고 생각하는 낱말에 색칠해 보세요.

가 의병이란 외적의 침입을 물리치기 위하여 백성들이 자발적으로 조직한 군대를 말해요. 일제가 우리나라를 침략하자 일제로부터 나라를 지키려고 여러 차례 항일 의병이 일어났답니다. 1895년에 일본이 명성 황후를 시해한 을미사변이 일어나고 단발령이 실시되자 이에 반발하여 [1]유생들을 중심으로 의병이 일어났어요. 이후 단발령이 취소되고 고종이 [2]해산 명령을 내리자 의병은 스스로 해산하였지요.

나 1905년 을사늑약 체결 이후 의병은 을사늑약에 저항하며 전국 각지에서 다시 일어났어요. 전직 관리였던 민종식, 양반 유생인 최익현 등이 의병을 조직하였어요. 이 시기에는 농민들도 적극적으로 의병에 참여하면서 신돌석과 같은 평민 출신 의병장도 등장하였지요. 신돌석은 경상도, 강원도 일대에서 크게 활약하여 '태백산 호랑이'라고 불렸어요.

다 1907년 고종이 황제 자리에서 강제로 물러나고 대한 제국의 군대도 해산되자, 해산을 명령받은 군인 중 일부가 의병에 [3]합류하였어요. 이에 따라 의병 부대의 전투력이 강해져 의병 운동이 더욱 활발해졌지요. 의병들은 연합 부대를 만들어 한성을 향해 나아가는 작전(서울 [4]진공 작전, 1908년)을 시도하였지만 성공하지 못하였어요. 이후 일본의 탄압이 심해지면서 많은 의병이 다치거나 죽었으며, 살아남은 의병들은 만주나 연해주로 이동하여 독립군으로 활동하였어요.

라 한편, 나라 안팎에서는 민족의 힘과 실력을 길러 나라를 지키려는 애국 [5]계몽 운동이 일어났어요. 안창호, 이승훈 등은 1907년 비밀리에 신민회를 조직하여 교육과 산업을 발전시키고, 이로써 민족의 실력을 양성하려고 노력하였지요. 신민회는 학교를 세우고 민족 기업을 [6]운영하였으며, 일제와 직접 전투하고자 만주에 독립운동 기지를 세워 독립군을 기르기도 하였어요. 그러나 신민회는 일제의 탄압으로 1911년에 해체되고 말았답니다.

중심 낱말 찾기

01 다음 빈칸에 공통으로 들어갈 낱말을 이 글에서 찾아 쓰세요.

- 백성들이 자발적으로 조직한 군대를 ☐☐(이)라고 한다.
- 일제가 우리나라를 침략하자 일제로부터 나라를 지키려고 항일 ☐☐이/가 일어
  났다.

내용 이해

02 다음에서 설명하는 작전을 이 글에서 찾아 쓰세요.

의병들이 연합 부대를 만들어 1908년에 전개한 것으로, 한성을 향해 나아가는 작전을
가리킨다.

내용 이해

03 이 글의 내용과 일치하는 것은 무엇인가요?

① 의병들이 시도한 서울 진공 작전은 성공하였다.
② 김옥균은 신민회를 조직하여 계몽 운동을 하였다.
③ 신돌석은 평민 출신 의병장으로 태백산 호랑이라고 불렸다.
④ 해산된 군인이 의병에 합류하면서 의병 부대의 전투력이 약해졌다.
⑤ 을미사변과 단발령에 반발하여 일어난 의병은 일제에 의해 강제로 해산되었다.

❶ 유생: 유교를 공부하는 선비
❷ 해산: 모였던 사람이 흩어짐. 또는 흩어지게 함.
❸ 합류: 일정한 목적을 위하여 다른 사람, 단체, 당파 따위와
하나로 합쳐 행동을 같이함.
❹ 진공: 적을 공격하기 위해 앞으로 나아감.
❺ 계몽: 지식수준이 낮거나 인습에 젖은 사람을 가르쳐서 깨
우침.
❻ 운영: 조직이나 기구, 사업체 따위를 운용하고 경영함.

04 이 글에 나타난 신민회의 활동이 맞으면 ○, 틀리면 ✕에 표시하세요.

1 독립문을 세우고 만민 공동회를 열었다. [○ / ✕]

2 학교를 세우고 민족 기업을 운영하였다. [○ / ✕]

3 만주에 독립운동 기지를 세워 독립군을 길렀다. [○ / ✕]

05 각 문단의 중심 내용을 찾아 선으로 이으세요.

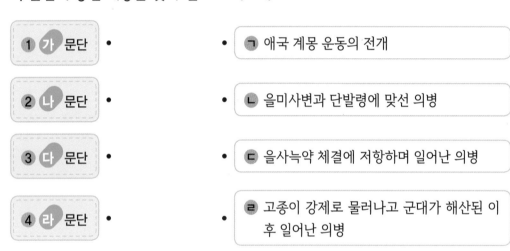

1 **가** 문단 •

2 **나** 문단 •

3 **다** 문단 •

4 **라** 문단 •

• **ㄱ** 애국 계몽 운동의 전개

• **ㄴ** 을미사변과 단발령에 맞선 의병

• **ㄷ** 을사늑약 체결에 저항하며 일어난 의병

• **ㄹ** 고종이 강제로 물러나고 군대가 해산된 이후 일어난 의병

06 밑줄 친 '활동'의 내용을 잘못 말한 어린이는 누구인지 쓰세요.

일제가 우리나라를 침략하자 우리 민족은 일제로부터 나라를 지키려고 1900년대에 다양한 활동을 전개하였다.

지수	신민회가 애국 계몽 운동을 펼쳤어요.
민환	전봉준 등 농민군이 동학 농민 운동을 벌였어요.
소영	다양한 계층의 사람들이 의병 운동을 전개하였어요.

어휘를 익혀요

01 다음 낱말의 뜻을 찾아 선으로 이으세요.

1 계몽 •

2 양성 •

3 진공 •

• ㄱ 적을 공격하기 위해 앞으로 나아감.

• ㄴ 실력이나 역량 등을 길러서 발전시킴.

• ㄷ 지식수준이 낮거나 인습에 젖은 사람을 가르쳐서 깨우침.

02 다음 밑줄 친 낱말의 뜻을 보기에서 찾아 기호를 쓰세요.

보기
ㄱ 모였던 사람이 흩어짐. 또는 흩어지게 함.
ㄴ 조직이나 기구, 사업체 따위를 운용하고 경영함.
ㄷ 일정한 목적을 위하여 다른 사람, 단체, 당파 따위와 하나로 합쳐 행동을 같이함.

1 회의가 끝나자 회원들이 <u>해산</u>을 하였다. (   )

2 성종 때에는 나라를 <u>운영</u>하는 데 기준이 되는 법전인 경국대전을 완성하였다.

(   )

3 조선 의용대에서 김원봉을 비롯한 일부 병력은 대한민국 임시 정부의 한국 광복군에 <u>합류</u>하였다. (   )

03 다음 글에서 밑줄 친 '유생'의 뜻을 보기에서 찾아 기호를 쓰세요.

통상과 개항을 반대하던 <u>유생</u>들은 위정척사 운동을 전개하였다.

보기
ㄱ 생명이 있음.
ㄴ 유교를 공부하는 선비
ㄷ 일정한 직업이 없이 놀면서 살아감.

일제의 식민 통치와 국외 독립 활동

글을 읽으면서 중요하다고 생각하는 낱말에 색칠해 보세요.

가 수많은 한국인이 나라를 지키려고 노력하였지만 일제는 1910년에 대한 제국의 **¹국권**을 강제로 **빼앗았어요.** 그리고 조선 총독부라는 통치 기구를 두어 한국인을 강압적으로 다스렸어요. 일제는 **²헌병**에게 경찰의 임무를 주어 한국인들의 일상생활을 감시하고 독립운동을 탄압하였어요. 헌병 경찰은 정식 재판 절차를 거치지 않고도 한국인들에게 **³태형**을 가할 수 있었지요. 심지어 일제는 일반 관리뿐만 아니라 교사에게도 제복을 입고 칼을 차게 하여 **⁴위압적인** 분위기를 만들었어요. 한국인의 모든 정치 활동을 철저히 탄압하였고, 한국인에게는 고등 교육을 받을 기회를 거의 주지 않았답니다.

나 일제는 경제적으로도 한국인을 **⁵약탈**하였어요. 조선 총독부는 토지 소유자를 확인하고 더 많은 세금을 걷고자 1910년부터 토지 조사 사업을 시행하였지요. 토지 조사 사업은 토지를 가진 사람이 직접 신고한 토지만 소유지로 인정하는 것을 원칙으로 진행되었어요. 이 과정에서 신고하지 않거나 주인이 확실하지 않은 땅은 조선 총독부의 소유가 되었지요. 또한 일제는 토지 조사 사업을 시행하면서 땅 주인의 권리를 강화하였으며, 토지를 빌려 농사를 짓는 농민들의 권리는 약화하였어요. 그 결과 대다수의 농민이 살기 어려워졌어요.

다 일제의 식민 통치가 심해지자 만주와 연해주 등으로 살 곳을 옮기는 사람들이 늘어났어요. 국내에서 활동이 어려워진 독립운동가들 역시 일제의 손길이 덜 미치는 다른 나라로 건너가 활동을 이어 나갔지요. 이회영, 안창호 등은 나라 밖의 **⁶동포**들과 함께 독립운동을 벌였어요. 이회영의 집안은 1910년에 전 재산을 팔고 만주로 갔어요. 이회영은 만주에서 신흥 강습소(후에 신흥 무관 학교로 바뀜.)를 세우고 독립군 양성에 힘썼지요. 국내에서 계몽 운동을 하던 안창호는 일제가 우리나라를 강제로 빼앗자 미국 샌프란시스코로 건너가 민족의 독립을 위해 다양한 활동을 벌였어요.

중심 낱말 찾기

01 각 문단의 중심 낱말에 ○표 하세요.

가 문단: 일제는 [대한 제국 / 조선 총독부]을/를 두고 헌병 경찰을 이용해 한국인을 탄압하였다.

나 문단: 일제는 [탕평책 / 토지 조사 사업]을 시행하여 경제적으로 한국인을 약탈하였다.

다 문단: 이회영은 [만주 / 연해주]에서 신흥 강습소(신흥 무관 학교)를 세웠다.

내용 이해

02 다음 빈칸에 들어갈 통치 기구를 이 글에서 찾아 쓰세요.

1910년 대한 제국의 국권을 강제로 빼앗은 일제는 ☐☐☐☐☐(이)라는 통치 기구를 두어 한국인을 강압적으로 다스렸다.

내용 이해

03 1910년대 헌병 경찰에 대한 설명이 맞으면 ○, 틀리면 ✕에 표시하세요.

① 한국인에게 태형을 내렸다. [○ / ✕]

② 한국인들의 일상생활을 감시하였다. [○ / ✕]

③ 만주와 연해주로 가서 독립운동을 하였다. [○ / ✕]

❶ **국권**: 국가의 의사를 결정하고 국민과 국토를 다스리는 권력
❷ **헌병**: 군에서 안전과 질서 유지를 담당하여 경찰의 역할을 하는 군인
❸ **태형**: 몽둥이로 엉덩이를 치는 형벌
❹ **위압**: 위엄이나 위력 따위로 압박하거나 정신적으로 억누름.
❺ **약탈**: 폭력을 써서 남의 것을 억지로 빼앗음.
❻ **동포**: 같은 나라 또는 같은 민족의 사람을 다정하게 이르는 말

04 일제가 실시한 토지 조사 사업에 대한 설명으로 알맞지 <u>않은</u> 것은 무엇인가요?

[✐   ]

① 땅 주인의 권리를 강화하였다.

② 신고하지 않은 땅은 조선 총독부가 가져갔다.

③ 대다수의 농민이 잘 살게 되는 결과를 낳았다.

④ 한국인에게 더 많은 세금을 걷으려고 시행하였다.

⑤ 토지를 빌려 농사를 짓는 농민들의 권리를 약화하였다.

05 다음 독립운동가와 그의 활동을 선으로 이으세요.

① 안창호	•		•	㉠ 만주에서 신흥 강습소를 세우고 독립군을 양성함.
② 이회영	•		•	㉡ 미국 샌프란시스코에서 민족의 독립을 위해 활동함.

06 (가), (나) 중 각 문단을 내용에 알맞게 분류한 것의 기호를 쓰세요.

✐ _____

07 이 글을 읽고 1910년대의 상황을 <u>잘못</u> 설명한 어린이는 누구인지 쓰세요.

수영	일반 관리와 교사도 제복을 입고 칼을 차고 다녔어.
정민	토지 조사 사업이 시행되어 많은 농민이 살기 어려워졌어.
선호	일제가 운요호 사건을 구실로 하여 조선에 통상을 요구하였어.

✐ _____

어휘를 익혀요

01 다음 낱말의 뜻을 찾아 선으로 이으세요.

1 약탈 •　　　　　　　　　• ㄱ 몽둥이로 엉덩이를 치는 형벌

2 태형 •　　　　　　　　　• ㄴ 폭력을 써서 남의 것을 억지로 빼앗음.

3 헌병 •　　　　　　　　　• ㄷ 군에서 안전과 질서 유지를 담당하여 경찰의 역할을 하는 군인

02 다음 낱말의 뜻과 그 낱말이 들어갈 알맞은 문장을 선으로 이으세요.

1 국권 •　• ㄱ 한 나라가 정치적으로 완전한 주권을 행사함.　•　• ⓐ 1910년 일제가 대한 제국의 (　　　)을/를 빼앗았다.

2 독립 •　• ㄴ 국가의 의사를 결정하고 국민과 국토를 다스리는 권력　•　• ⓑ 3·1 운동 때 학생들이 (　　　) 선언서를 낭독하였다.

3 동포 •　• ㄷ 같은 나라 또는 같은 민족의 사람을 다정하게 이르는 말　•　• ⓒ 광복 소식이 전해지자 다른 나라에 머물던 (　　　)이/가 고국에 돌아왔다.

03 다음 글에서 밑줄 친 낱말의 반대말로 알맞은 것은 무엇인가요? [✎　　]

> 일제는 토지 소유자를 확인하고 더 많은 세금을 걷기 위해 토지 조사 사업을 시행하였으며, 땅 주인의 권리를 <u>강화</u>하였다.

① 감소　　② 삭제　　③ 약화　　④ 하강　　⑤ 하락

3·1 운동

글을 읽으면서 중요하다고 생각하는 낱말에 색칠해 보세요.

가 일제는 한국에서 강압적인 통치를 계속하였지만, 한국인들의 독립하려는 ^①의지는 더욱 커졌어요. 제1차 세계 ^②대전이 끝나갈 무렵 러시아의 지도자가 식민지 민족의 독립 운동을 지원하겠다고 선언하였어요. 또한 미국의 대통령은 "모든 민족은 자기 민족의 일을 스스로 결정할 권리가 있다."라고 주장하였지요. 이에 영향을 받은 일본의 한국인 유학생들은 독립 선언서를 발표하였어요. 국내에서도 종교계 지도자들과 학생 대표들이 ^③비밀리에 모여 독립 선언서를 준비하고 만세 시위를 계획하였답니다.

나 1919년 3월 1일에 종교계 지도자들이 중심이 된 민족 대표들은 독립을 선언하였어요. 학생과 시민들은 탑골 공원에서 독립 선언서를 ^④낭독하고 만세 시위를 벌였지요(3·1 운동). 만세 시위는 중소 도시와 농촌 지역까지 확대되었어요. 그리고 학생, 농민, 노동자, 상인 등 다양한 계층이 참여하면서 전 민족적인 운동으로 발전하였지요. 3·1 운동은 나라 밖으로도 확산하였어요. 일제는 만세 시위를 잔인하게 진압하였어요. 이때 ㉠ 유관순을 비롯하여 수많은 사람이 체포되었지요. 또한 일제는 3·1 운동에 대한 ^⑤보복으로 경기도 화성 제암리에서 주민들을 집단으로 학살하기도 하였어요.

다 3·1 운동은 일제의 탄압으로 좌절되었어요. 하지만 우리 민족의 독립 의지를 전 세계에 알린 중요한 사건이었답니다. 일제는 3·1 운동을 계기로 우리 민족을 무력으로만 지배할 수 없음을 깨닫고 통치 방식을 바꾸었어요. 일제는 헌병에게 주었던 경찰 임무를 거두었고, 한국인에게 교육의 기회를 확대하겠다고 하였어요. 그러나 일제는 오히려 경찰의 인원수를 늘려 독립운동에 대한 감시와 탄압을 강화하였으며, 한국인이 고등 교육을 받을 기회는 여전히 적었지요. 일제는 우리 민족을 분열시키고자 ^⑥친일파를 키우기도 하였어요.

01 각 문단의 중심 낱말에 ◯표 하세요.

중심 낱말 찾기

가 문단: 일제의 강압적인 통치에도 한국인들은 [을사늑약 / 독립 선언서]을/를 준비하였다.

나 문단: 1919년 일어난 [3·1 운동 / 제1차 세계 대전]은 전 민족적인 운동으로 발전하였다.

다 문단: 3·1 운동은 우리 민족의 [독립 의지 / 민족 분열]을/를 전 세계에 알린 중요한 사건이었다.

내용 이해

02 3·1 운동이 일어난 날짜는 언제인지 이 글에서 찾아 쓰세요.

내용 이해

03 이 글의 내용과 일치하지 <u>않는</u> 것은 무엇인가요?

① 3·1 운동은 나라 밖으로 확산되지 않았다.

② 3·1 운동에는 농민과 노동자 계층도 참여하였다.

③ 3·1 운동을 계기로 일제는 통치 방식을 바꾸었다.

④ 일제는 한국인의 만세 시위를 잔인하게 진압하였다.

⑤ 3·1 운동이 일어나기 전에 일본의 한국인 유학생들이 독립 선언서를 발표하였다.

---

❶ **의지**: 어떠한 일을 이루고자 하는 마음

❷ **대전**: 여러 나라가 참가하여 넓은 지역에 걸쳐 큰 전쟁을 벌임. 또는 그런 전쟁

❸ **비밀리**: 관련 당사자 이외에 남이 모르는 가운데

❹ **낭독**: 글을 소리 내어 읽음.

❺ **보복**: 남이 저에게 해를 준 대로 저도 그에게 해를 줌.

❻ **친일파**: 일제와 어울려 그들의 침략·약탈 정책을 지지하여 따르는 무리

04 다음 밑줄 친 '이것'은 무엇인지 이 글에서 찾아 쓰세요.

> • 3·1 운동이 일어나기 전 종교계 지도자들과 학생 대표들이 비밀리에 모여 <u>이것</u>을 준비하였다.
> • 1919년 3월 1일에 탑골 공원에서 학생과 시민들이 <u>이것</u>을 낭독하고 만세 시위를 벌였다.

05 다음 사건이 일어난 순서에 맞게 번호를 쓰세요.

3월 1일에 학생과 시민들이 탑골 공원에서 만세 시위를 벌였다.

일제가 화성 제암리에서 주민들을 집단으로 학살하였다.

일본의 한국인 유학생들이 독립 선언서를 발표하였다.

일제가 헌병에게 주었던 경찰 임무를 거두었다.

06 ㉠의 인물이 살았던 시대 상황을 바르게 말한 어린이는 누구인지 쓰세요.

만세 운동에 여자들은 참여할 수 없었어.

정민

우리 민족은 일제로부터 독립하려는 의지가 없었어.

수현

일제는 대한 제국의 국권을 빼앗은 뒤 강압적인 통치를 계속하였어.

상연

어휘를 익혀요

01 다음 낱말의 뜻을 찾아 선으로 이으세요.

1 낭독 •   • ㄱ 글을 소리 내어 읽음.

2 보복 •   • ㄴ 어떠한 일을 이루고자 하는 마음

3 의지 •   • ㄷ 남이 저에게 해를 준 대로 저도 그에게 해를 줌.

02 다음 문장의 빈칸에 들어갈 낱말을 보기 에서 찾아 쓰세요.

> **보기**
>
> 시위   체포   대통령   친일파

1 전봉준을 비롯한 지도자가 (   )되면서 동학 농민 운동은 끝이 났다.

2 김구 등은 일제의 정책을 옹호하고 지지하였던 (   )을/를 처단하였다.

3 (   )은/는 국회에서 통과시킨 법에 대해 다시 논의할 것을 요구하였다.

4 부정 선거 소식이 알려지자, 전국 각지에서 부정 선거를 규탄하는 (   )이/가 일어났다.

03 다음 글에서 밑줄 친 내용과 바꾸어 쓸 수 있는 낱말은 무엇인가요? [ ]

> 회담은 오늘 오후에 <u>참여자 이외에 다른 사람들은 모르는 가운데</u> 서울에서 개최되었다.

① 뒤늦게   ② 비밀리에   ③ 성대하게   ④ 공식적으로   ⑤ 시끌벅적하게

06 대한민국 임시 정부의 수립과 활동

글을 읽으면서 중요하다고 생각하는 낱말에 색칠해 보세요.

가 3·1 운동을 전후하여 국내외 여러 지역에서는 임시 정부가 수립되었어요. 연해주의 블라디보스토크에서 대한 국민 의회, 중국 상하이에서는 상하이 임시 정부, 국내에서는 한성 정부가 만들어졌지요. 임시 정부들은 독립운동의 힘을 하나로 모으고자 노력하였어요. 그 결과 1919년 9월에 여러 곳의 임시 정부를 [1]통합한 대한민국 임시 정부가 수립되었지요. 임시 정부의 위치는 일제의 [2]영향력이 미치지 않고 여러 나라와 외교 활동을 펼치기에 [3]유리한 상하이로 정하였어요.

나 대한민국 임시 정부는 대통령 중심제를 [4]채택하여 대통령에 이승만, 국무총리에 이동휘를 선출하였어요. 이어 [5]삼권 분립의 원칙에 따라 임시 의정원(입법), 국무원(행정), 법원(사법)을 구성하였지요. 임시 정부는 '대한민국'이라는 나라 이름을 처음으로 정하였어요. 또한 3·1 운동의 정신을 바탕으로 모든 국민이 평등하고 국민에게 주권이 있는 민주주의 정치 체제를 갖추었어요.

다 대한민국 임시 정부는 각지에서 벌어지고 있던 독립운동을 하나로 묶어 체계적으로 전개하고자 하였어요. 우선 비밀 [6]연락망을 만들어 국내와 연락하고 독립운동을 이끌었어요. 또한 독립신문을 펴내 국내외 동포에게 독립운동 소식을 알렸지요. 임시 정부는 국민들에게 돈을 빌리고, 독립하면 돈과 이자를 돌려줄 것을 약속하는 증명서인 독립 공채를 발행하여 독립운동 자금을 모으기도 하였어요. 한편, 미국에 구미 위원부라는 외교 기관을 두어 외교 활동에도 힘썼어요.

라 그러나 일제의 감시와 탄압으로 비밀 연락망이 드러나고, 외교 활동이 실질적인 성과를 거두지 못하자 대한민국 임시 정부의 활동은 점차 위축되었어요. 게다가 독립운동가들 사이에 독립운동의 방법을 둘러싸고 갈등이 생겨 많은 사람이 임시 정부를 떠났어요. 그러나 어려운 [7]여건 속에서도 임시 정부는 광복이 될 때까지 독립운동을 계속해 나갔어요.

정답 101쪽

중심 낱말 찾기

01 다음 ㉠에 들어갈 낱말을 이 글에서 찾아 쓰세요.

> 대한 국민 의회, 상하이 임시 정부, 한성 정부 등 여러 임시 정부를 하나로 통합하기 위한
> 논의가 있었고, 그 결과 (㉠   )이/가 출범하였다.

내용 이해

02 대한민국 임시 정부에 대한 설명이 맞으면 ◯, 틀리면 ✕에 표시하세요.

❶ 대통령에 이동휘를 선출하였다. [◯ / ✕]

❷ 대한민국이라는 나라 이름을 처음으로 정하였다. [◯ / ✕]

❸ 3·1 운동의 정신을 바탕으로 민주주의 정치 체제를 갖추었다. [◯ / ✕]

내용 이해

03 (가)에 들어갈 대답을 이 글에서 찾아 쓰세요.

대한민국 임시 정부가
상하이에서 수립된
이유는 무엇일까?

(가)

---

❶ **통합**: 둘 이상의 조직이나 기구 등을 하나로 합침.

❷ **영향력**: 어떤 사물의 효과나 작용이 다른 것에 미치는 힘

❸ **유리**: 이익이 있음.

❹ **채택**: 제도, 의견 등을 골라서 다루거나 뽑아 씀.

❺ **삼권 분립**: 국가의 권력을 입법, 사법, 행정의 삼권으로 분리하여 서로 견제하게 하는 국가 조직의 원리

❻ **연락망**: 연락을 하기 위해 벌여 놓은 조직 체계나 통신망

❼ **여건**: 주어진 조건

04 다음 빈칸에 들어갈 대한민국 임시 정부의 활동을 찾아 선으로 이으세요.

1 비밀 (   )을/를 만들어 국내와 연락하였다.   •

•   ㄱ 연락망

2 (   )을/를 발행하여 독립운동 자금을 모았다.   •

•   ㄴ 독립신문

3 (   )을/를 펴내 국내외 동포에게 독립운동 소식을 알렸다.   •

•   ㄷ 독립 공채

05 다음 사건이 일어난 순서에 맞게 번호를 쓰세요.

일제의 감시와 탄압으로 대한민국 임시 정부의 활동이 위축되었다.

여러 임시 정부를 통합한 대한민국 임시 정부가 상하이에서 수립되었다.

대한 국민 의회, 상하이 임시 정부, 한성 정부 등 임시 정부가 수립되었다.

06 다음은 선생님의 설명을 듣고 윤서가 추론한 내용이에요. 빈칸에 들어갈 알맞은 말을 쓰세요.

선생님   1919년 9월에 수립된 대한민국 임시 정부는 임시 의정원(입법), 국무원(행정), 법원(사법)을 구성하였어요.

윤서   대한민국 임시 정부는 (   )의 원칙에 따라 국가의 권력을 입법, 사법, 행정으로 분리하였군요.

어휘를 익혀요

01 다음 뜻을 나타내는 낱말에 ○표 하세요.

1 주어진 조건 [여건 / 위축]

2 제도, 의견 등을 골라서 다루거나 뽑아 씀. [간택 / 채택]

3 어떤 사물의 효과나 작용이 다른 것에 미치는 힘 [결단력 / 영향력]

02 다음 문장의 빈칸에 들어갈 낱말을 **보기**에서 찾아 쓰세요.

보기

| 발행 | 외교 | 통합 | 연락망 |

1 고조선은 다른 부족을 정복하거나 (   )하여 세력을 키웠다.

2 뜻밖의 긴급한 사태가 있을 때 연락을 하기 위하여 비상 (   )을/를 만들었다.

3 발해의 문왕은 일본에 보낸 (   ) 문서에서 스스로 '고려 국왕'이라고 하였다.

4 새로운 문물이 들어오자 나라 안팎의 소식을 소개할 목적으로 다양한 신문이 (   ) 되었다.

03 다음 빈칸에 공통으로 들어갈 수 있는 낱말로 알맞은 것은 무엇인가요? [✎   ]

• 선미는 반장이 될 만한 (   )을/를 많이 갖추고 있다.
• 지훈이는 어려운 (   ) 속에서도 좌절하지 않고 열심히 공부하였다.

① 여건   ② 여권   ③ 여운   ④ 여정   ⑤ 여지

무장 독립 투쟁의 전개

글을 읽으면서 중요하다고 생각하는 낱말에 색칠해 보세요.

가 3·1 운동 이후 일제에 맞서 **①**무장 독립 투쟁을 하는 것이 중요하다고 생각한 사람들이 있었어요. 이들은 독립군 부대를 조직하여 만주와 연해주 지역에서 활동하였지요. 그러자 일본군은 만주까지 쫓아와 독립군을 공격하였어요. 이때 홍범도가 이끄는 대한 독립군 등 독립군 연합 부대는 봉오동 계곡에서 일본군에 맞서 승리를 거두었어요(봉오동 전투, 1920년). 일본군이 다시 공격해 오자, 김좌진이 이끄는 북로 군정서와 홍범도가 이끄는 대한 독립군 등 여러 독립군 부대는 청산리 부근에서 이곳의 **②**지형을 이용한 전술로 일본군과 싸워 큰 승리를 거두었답니다(청산리 대첩, 1920년).

나 1920년대 후반 대한민국 임시 정부는 일제의 탄압으로 활동이 어려워졌어요. 김구는 ㉠ 한인 애국단을 조직하여 일제의 주요 인물을 **③**암살하려고 하였지요. 한인 애국단의 이봉창은 일본 도쿄에서 일본 국왕이 탄 마차를 향해 폭탄을 던졌으나 성공하지 못하였어요(1932년). 윤봉길은 중국 상하이 홍커우 공원에서 열린 행사장에 폭탄을 던져 중국 침략에 앞장섰던 일본군, 일본 관리 등 주요 인물들을 죽거나 다치게 하였어요(1932년). 윤봉길의 **④**의거를 계기로 대한민국 임시 정부는 중국 정부의 지원을 받게 되었어요. 그러나 일제의 감시가 심해져 대한민국 임시 정부는 중국 여러 지역으로 이동하였답니다.

다 대한민국 임시 정부는 1940년에 충칭에 정착한 뒤 한국 광복군이라는 군대를 **⑤**창설하였어요. 이후에 일제가 태평양 전쟁을 일으키자 대한민국 임시 정부는 일제에 **⑥**선전 포고하고, 한국 광복군을 전쟁에 참여하도록 하였어요. 대한민국 임시 정부는 일제를 몰아내고 독립을 이루기 위해 미군과 함께 국내로 들어가 전투를 벌일 계획을 세웠어요. 그러나 그 전에 일제가 갑작스럽게 항복하면서 작전을 실행하지 못하였어요.

중심 낱말 찾기

01 각 문단의 중심 낱말을 찾아 쓰세요.

가 문단: 봉오동 전투와 ⬚⬚⬚ 대첩에서 독립군의 승리

나 문단: ⬚⬚⬚⬚ 의 조직과 활동

다 문단: ⬚⬚⬚ 의 창설

내용 이해

02 이 글의 내용과 일치하지 않는 것은 무엇인가요? [✎]

① 김구는 일제의 주요 인물을 암살하려고 하였다.

② 홍범도가 이끄는 독립군 부대가 봉오동 전투에서 승리하였다.

③ 태평양 전쟁이 일어나자 대한민국 임시 정부는 일제에 선전 포고하였다.

④ 대한민국 임시 정부는 안중근의 의거를 계기로 중국 정부의 지원을 받았다.

⑤ 대한민국 임시 정부는 미군과 함께 국내로 들어가 전투를 벌일 계획을 세웠다.

내용 이해

03 ㉠ 단체의 활동으로 알맞은 것은 무엇인가요? [✎]

① 3·1 운동을 주도하였다.

② 만민 공동회를 개최하였다.

③ 하얼빈역에서 이토 히로부미를 저격하였다.

④ 상하이 훙커우 공원에서 일본 관리들을 죽거나 다치게 하였다.

⑤ 청산리의 지형을 이용한 전술로 일본군에게 큰 승리를 거두었다.

❶ **무장**: 전투에 필요한 장비를 갖춤. 또는 그 장비

❷ **지형**: 땅의 생긴 모양이나 형세

❸ **암살**: 몰래 사람을 죽임.

❹ **의거**: 정의를 위하여 개인이나 집단이 의로운 일을 도모함.

❺ **창설**: 기관이나 단체 등을 처음으로 베풂.

❻ **선전 포고**: 한 나라가 다른 나라에 전쟁을 시작한다는 것을 공식적으로 알리는 일

04 다음 인물과 그 활동을 선으로 이으세요.

 1 윤봉길 •

2 이봉창 •

• ㄱ 도쿄에서 일본 국왕이 탄 마차에 폭탄을 던짐.

• ㄴ 상하이 훙커우 공원에서 열린 행사장에 폭탄을 던짐.

05 다음 밑줄 친 '이 군대'는 무엇인지 이 글에서 찾아 쓰세요.

- 이 군대는 대한민국 임시 정부가 1940년에 창설하였다.
- 대한민국 임시 정부는 일제가 태평양 전쟁을 일으키자 이 군대를 전쟁에 참여하도록 하였다.

06 무장 독립 투쟁의 과정에서 있었던 일을 순서에 맞게 번호를 쓰세요.

홍범도가 이끄는 대한 독립군 등이 봉오동 전투에서 승리하였다.

김구가 한인 애국 단을 조직하였다.

북로 군정서, 대한 독립군 등이 청산리 대첩에서 크게 승리하였다.

대한민국 임시 정부가 미군과 국내로 들어가 전투할 계획을 세웠다.

07 이 글을 읽고 답을 추론할 수 있는 질문이 <u>아닌</u> 것은 무엇인가요? [ ]

① 이봉창이 소속된 단체의 이름은 무엇인가요?

② 청산리 대첩에서 어떤 독립군 부대들이 활약하였나요?

③ 대한민국 임시 정부는 충칭에 정착한 뒤 어떤 활동을 하였나요?

④ 대한민국 임시 정부가 중국 정부의 지원을 받는 계기가 된 사건은 무엇인가요?

⑤ 한국 광복군이 미군과 함께 국내로 들어가 벌인 전투에서 일제에 승리할 수 있었던 이유는 무엇인가요?

어휘를 익혀요

01 다음 낱말의 뜻을 찾아 선으로 이으세요.

| ① 무장 | • | | • | ㉠ 몰래 사람을 죽임. |

| ② 암살 | • | | • | ㉡ 전투에 필요한 장비를 갖춤. |

| ③ 선전 포고 | • | | • | ㉢ 한 나라가 다른 나라에 전쟁을 시작한다는 것을 공식적으로 알리는 일 |

02 다음 밑줄 친 낱말의 뜻을 **보기**에서 찾아 기호를 쓰세요.

보기
㉠ 땅의 생긴 모양이나 형세
㉡ 기관이나 단체 등을 처음으로 베풂.
㉢ 전쟁 또는 전투 상황에 대처하기 위한 기술과 방법

① 적군이 숨은 곳을 찾기 위해 지형을 살폈다. (   )

② 조선 정부는 신식 군대인 별기군을 창설하였다. (   )

③ 이순신이 이끄는 수군은 뛰어난 전술과 거북선, 화포 등을 사용하여 여러 전투에서 큰 승리를 거두었다. (   )

03 다음 글에서 밑줄 친 내용과 바꾸어 쓸 수 있는 낱말을 무엇인가요? [✎   ]

윤봉길이 정의를 위하여 의로운 일을 도모한 활동을 계기로 대한민국 임시 정부는 중국 정부의 지원을 받게 되었다.

① 의결   ② 의거   ③ 침략   ④ 선출   ⑤ 선거

08 일제의 민족 말살 통치와 민족 문화 수호 운동

글을 읽으면서 중요하다고 생각하는 낱말에 색칠해 보세요.

가 1930년대 일제는 침략 전쟁을 시작하였어요. 이때 일제는 '일본과 조선은 하나' 임을 내세워 우리 민족정신을 없애려는 통치를 하였지요. 이는 우리나라 사람들을 일제가 벌인 침략 전쟁에 ^❶동원하기 위해서였어요. 일제는 전국에 ^❷신사를 세워 한 국인에게 절을 하도록 ^❸강요하였으며, 신사에 절하는 것을 거부한 사람들을 감옥에 가두었어요. 그리고 한국인의 성과 이름도 일본식으로 바꾸도록 하였고, 이를 따르 지 않는 사람은 학교를 다닐 수 없게 하였어요. 학교에서는 일본어를 가르치며 우리 말 대신 일본어를 쓰게 하였어요.

나 일제는 우리나라 사람들을 무기 공장이나 전쟁터 등에 강제로 끌고 갔어요. 더 욱이 일부 여성들은 일본군 '위안부'로 끌려가 많은 고통을 당하였어요. 또한 일제는 전쟁에 사용할 무기를 만들려고 놋그릇, 놋대야, 수저, 농기구 등 금속 제품이라면 가리지 않고 빼앗아 갔어요.

다 일제가 우리의 민족정신을 없애려 하였지만, 독립운동가들은 우리의 민족정신 과 문화를 지키려는 다양한 노력을 하였어요. 신채호는 대한 제국의 주권이 ^❹위협을 받던 때부터 『이순신전』, 『을지문덕전』과 같은 우리 역사 속에 등장하는 영웅 이야기 를 책으로 펴내어 한국인으로서 당당한 마음을 가질 수 있도록 하였어요. 일제 강점 기에는 우리 역사의 주인이 한국인임을 강조하는 『조선사연구초』 등의 역사책을 썼 어요. 한편, 이육사는 시와 글을 써 민족정신을 일깨우고자 하였어요. 그는 「청포도」, 「광야」, 「절정」 등을 발표하여 일제에 대한 ^❺저항 의식을 표현하였지요.

라 조선어 학회는 우리말과 우리글을 연구하여 한글을 널리 보급하는 데 힘썼어요. 그리고 한글 맞춤법 통일안을 마련하고 ^❻표준어를 제정하였어요. 이와 함께 『우리말 큰사전』이라는 국어사전을 펴내는 데 힘을 쏟았지만, 이 활동은 일제의 탄압으로 중 단되었어요.

중심 낱말 찾기

01 다음 ㄱ, ㄴ에 들어갈 낱말을 이 글에서 찾아 쓰세요.

> 일제는 1930년대 침략 전쟁을 시작하면서 한국인의 (ㄱ   )을/를 없애려
> 는 통치를 하였다. 그러나 신채호 등 독립운동가들은 역사책 편찬 등을 통해 우리의 민
> 족정신과 (ㄴ   )을/를 지키려고 다양한 노력을 하였다.

✏️ ㄱ: ㄴ:

내용 이해

02 다음 빈칸에 들어갈 내용을 이 글에서 찾아 쓰세요.

> 1930년대 이후 일제는 '일본과 조선은 하나'임을 내세워 우리 민족정신을 없애려고 하
> 였다. 그 까닭은 _____

✏️ _____

_____

내용 이해

03 일제가 우리의 민족정신을 없애려고 펼쳤던 정책이 맞으면 ◯, 틀리면 ✕에 표시하세요.

❶ 전국에 세워진 신사에 강제로 절을 하도록 하였다. [◯ / ✕]

❷ 학교에서 우리말 대신 일본어를 쓰는 것을 금지하였다. [◯ / ✕]

❸ 우리나라 사람들의 성과 이름을 일본식으로 바꾸도록 하였다. [◯ / ✕]

❶ **동원**: 어떤 목적을 달성하고자 사람을 모으거나 물건, 수단, 방법 등을 집중함.

❷ **신사**: 일본 왕실의 조상을 기리는 사당

❸ **강요**: 억지로 또는 강제로 요구함.

❹ **위협**: 힘으로 으르고 협박함.

❺ **저항**: 어떤 힘이나 조건에 굽히지 아니하고 거역하거나 버팀.

❻ **표준어**: 한 나라에서 공용어로 쓰는 규범으로서의 언어

04 가~라 문단 중 다음 설명과 관련된 문단의 기호를 쓰세요.

> 1930년대 이후 일제는 한국인을 침략 전쟁에 동원하고 전쟁에 사용할 무기를 만들기 위해 우리나라의 인적, 물적 자원을 빼앗아 갔다.

✎ _____

05 다음은 독립운동가의 활동을 정리한 것이에요. ㄱ, ㄴ에 들어갈 인물을 이 글에서 찾아 쓰세요.

인물	활동
ㄱ	『조선사연구초』 등의 역사책을 써 우리 역사의 주인이 한국인임을 강조함.
ㄴ	「청포도」, 「광야」, 「절정」 등의 시를 지어 일제에 대한 저항 의식을 표현함.

✎ ㄱ: _____ ㄴ: _____

06 우리의 민족정신을 지키기 위해 다음과 같은 활동을 한 단체를 쓰세요.

> • 우리말과 우리글을 연구하고 한글 맞춤법 통일안을 마련하였다.
> • 『우리말 큰사전』을 펴내는 데 힘을 쏟았다.

✎ _____

07 독립운동가들이 일제에 맞서 우리의 민족정신을 지키고자 한 노력을 잘못 말한 어린이는 누구인지 쓰세요.

> **지효** 이육사는 『이순신전』 등 위인전을 썼어.
>
> **성민** 신채호는 우리나라의 역사를 연구하였어.
>
> **보라** 조선어 학회는 한글을 보급하는 데 노력을 기울였어.

✎ _____

어휘를 익혀요

01 다음 뜻을 나타내는 낱말을 쓰세요.

❶ 힘으로 으르고 협박함. ☐ ☐

❷ 어떤 힘이나 조건에 굽히지 아니하고 거역하거나 버팀. ☐ ☐

❸ 어떤 목적을 달성하고자 사람을 모으거나 물건, 수단, 방법 등을 집중함. ☐ ☐

02 다음 문장의 빈칸에 들어갈 낱말을 보기에서 찾아 쓰세요.

> **보기**
>
> 강요　　　　보급　　　　독립운동가

❶ 이토 히로부미를 저격해 죽인 (　　　　　)은/는 안중근이다.

❷ 나의 생각이나 종교, 신념 등을 친구에게 (　　　　　)하지 않아야 한다.

❸ 대한 제국 시기에는 서양식 병원이 설립되어 근대 의료 기술이 (　　　　　)되었다.

03 다음 글의 밑줄 친 '쏟다'와 같은 뜻으로 사용된 문장은 무엇인가요? [　✎　]

> 조선어 학회는 한글을 널리 보급하고자 하였고, 『우리말 큰사전』이라는 국어사전을 펴내는 데 힘을 쏟았다.

① 바닥에 물을 쏟았다.

② 쌀통에 쌀을 쏟아 넣었다.

③ 지나친 피로로 코피를 쏟았다.

④ 그는 요즘 새로운 분야에 관심을 쏟고 있다.

⑤ 큰비를 쏟고 난 하늘은 어느새 맑게 개었다.

8·15 광복과 분단

글을 읽으면서 중요하다고 생각하는 낱말에 색칠해 보세요.

가 제2차 세계 대전 중 연합국은 전쟁에서 승리할 것을 예상하여 여러 차례 열린 회의에서 우리 민족의 독립을 약속하였어요. 1945년 8월 15일, 일본이 연합국에 항복하면서 우리나라는 마침내 ❶광복을 맞이하였지요. 광복은 우리 민족이 끊임없이 독립을 위해 노력한 결과이기도 하였어요.

나 광복 이전부터 독립운동가들은 광복 이후에 세울 나라를 준비하였어요. 국외에 있던 대한민국 임시 정부는 ❷건국의 원칙을 발표하였어요. 그리고 광복과 함께 국내에서 건국을 준비하는 단체가 만들어져 나라의 ❸안녕과 질서를 유지하고자 노력하였지요. 광복 소식이 전해지자 다른 나라에 머물던 동포가 ❹고국으로 돌아왔고, 이승만, 김구 등 여러 독립운동가도 귀국하였어요.

다 한편, 일제가 항복을 선언하자 ❺소련과 미국은 일본의 군대를 해산시키는 것을 이유로 한반도에 들어왔어요. 38도선을 기준으로 북쪽에 소련이, 남쪽에 미국이 각각 군대를 머물게 하였지요. 소련과 미국은 한반도에서 자신들의 영향력을 넓혀 가려고 하였어요.

라 1945년 12월에는 미국, 영국, 소련이 제2차 세계 대전 이후의 문제를 처리하기 위해 모스크바에 모여 회의를 하였어요(모스크바 3국 ❻외상 회의). 이 회의에서 한반도에 민주주의 임시 정부를 수립하고, 정부가 수립되기 전에 최대 5년 동안 ❼신탁 통치를 실시한다는 내용이 결정되었어요.

마 모스크바 3국 외상 회의에서 결정된 내용이 국내에 전해지자 신탁 통치에 반대하는 사람들과 회의의 결정에 찬성하는 사람들 사이에서 갈등이 일어났어요. 이러한 가운데 미국과 소련은 한국에 임시 정부를 구성하는 방법을 논의하기 위해 두 차례 회의를 열었지만 합의를 이루지 못하였어요. 그러자 미국은 한국의 정부 수립 문제를 국제 연합(UN)에 넘겼답니다.

중심 낱말 찾기

01 각 문단의 중심 낱말을 찾아 쓰세요.

가 문단: 1945년 8월 15일 우리나라의 ☐☐

나 문단: ☐☐ 을 위한 준비

다 문단: 한반도에 들어온 소련과 ☐☐

라 문단: ☐☐☐ 3국 외상 회의의 결정

마 문단: ☐☐☐ 를 둘러싼 갈등

내용 이해

02 다음에서 설명하는 제도를 이 글에서 찾아 쓰세요.

한 지역을 그곳 사람들이 아닌 다른 나라 또는 국제기구가 대신 통치하는 제도이다. 1945년 12월에 열린 모스크바 3국 외상 회의에서는 최대 5년 동안 한국을 이 제도로 통치할 것을 결정하였다.

내용 이해

03 우리나라의 광복 이후에 일어난 사실로 알맞지 <u>않은</u> 것은 무엇인가요? [✎ ☐]

① 이승만과 김구가 귀국하였다.

② 대한민국 임시 정부가 건국의 원칙을 발표하였다.

③ 소련과 미국이 일본의 군대 해산을 이유로 한반도에 들어왔다.

④ 미국과 소련은 한국에 임시 정부를 구성하는 방법을 논의하기 위해 두 차례 회의를 열었다.

⑤ 모스크바 3국 외상 회의에서 최대 5년 동안 한반도의 신탁 통치를 실시한다는 내용이 결정되었다.

❶ **광복**: 다른 나라에 빼앗긴 주권을 도로 찾음.

❷ **건국**: 나라를 세움.

❸ **안녕**: 아무 탈 없이 편안함.

❹ **고국**: 주로 남의 나라에 있는 사람이 자신의 조상 때부터 살던 나라를 이르는 말

❺ **소련**: 지금의 러시아와 주변 국가로 구성되었던 소비에트 연방 공화국(1922~1991년)을 가리킴.

❻ **외상**: 정부에서 다른 나라와 관계를 맺는 일을 담당하는 부서의 우두머리

❼ **신탁 통치**: 한 지역을 그곳 사람들이 아닌 다른 나라 또는 국제기구가 대신 통치하는 제도

04 모스크바 3국 외상 회의에서 결정된 내용을 <u>잘못</u> 말한 어린이는 누구인지 쓰세요.

재민	한국의 독립을 약속하였어.
나래	최대 5년 동안 한국을 신탁 통치하기로 하였어.
형우	한반도에 민주주의 임시 정부를 수립하기로 하였어.

05 다음 원인과 결과를 선으로 이으세요.

원인

① 우리 민족이 끊임없이 독립을 위해 노력하였다.

② 미국과 소련이 한국의 임시 정부 구성 방법을 논의하였지만 합의를 이루지 못하였다.

③ 모스크바 3국 외상 회의에서 한국을 신탁 통치할 것을 결정하였다.

결과

㉠ 미국이 한국의 문제를 국제 연합(UN)에 넘겼다.

㉡ 1945년 8월 15일, 우리나라가 마침내 광복을 맞이하였다.

㉢ 회의 내용이 알려지자 이를 두고 사람들 사이에서 갈등이 일어났다.

06 우리 민족이 8·15 광복을 맞이할 수 있었던 까닭으로 알맞은 것을 **보기**에서 모두 골라 기호를 쓰세요.

보기

㉠ 우리 민족의 끊임없는 독립운동
㉡ 제2차 세계 대전에서 일본의 승리
㉢ 한국 광복군의 국내 진공 작전 성공
㉣ 제2차 세계 대전에서 연합국의 승리

어휘를 익혀요

01 다음 낱말의 뜻을 찾아 선으로 이으세요.

1 고국 •

2 광복 •

3 외상 •

• ㄱ 다른 나라에 빼앗긴 주권을 도로 찾음.

• ㄴ 정부에서 다른 나라와 관계를 맺는 일을 담당하는 부서의 우두머리

• ㄷ 주로 남의 나라에 있는 사람이 자신의 조상 때부터 살던 나라를 이르는 말

02 다음 문장의 빈칸에 들어갈 낱말을 **보기**에서 찾아 쓰세요.

보기

독립   처리   해산   영향력

1 일제는 대한 제국의 군대를 강제로 (   )하였다.

2 그는 국내외적으로 큰 (   )을/를 지닌 인물이다.

3 차미리사는 여성이 직업을 가지고 스스로 (   )적인 삶을 살아야 한다고 가르쳤다.

4 우리나라는 원유를 가공, (   )하는 기술이 뛰어나서 각종 석유 제품을 만들어 수출한다.

03 다음 빈칸에 들어갈 낱말을 오른쪽 상자에서 찾아 쓰세요.

1 고조선의 ☐☐* 이야기에는 곰과 호랑이가 등장한다. ★나라를 세움.

건 폐 멸 국

2 법을 지키지 않는 행동은 다른 사람의 권리를 침해할 수 있고, 다툼과 ☐☐* (으)로 이어질 수 있다.

갈 화 등 합

★개인이나 집단 사이에 목표나 이해관계가 달라 서로 적대시하거나 충돌함.

10 대한민국 정부 수립

글을 읽으면서 중요하다고 생각하는 낱말에 색칠해 보세요.

가 미국과 소련이 개최한 두 차례의 회의가 ❶무산되고 미국이 한국의 문제를 국제 연합(UN)으로 넘기자, 국제 연합은 남북한 총선거를 치러 한반도에 통일 정부를 세우기로 결정하였어요. 그리고 국제 연합은 선거를 공정하게 관리하기 위해 유엔 한국 임시 위원단을 조직하여 한반도에 보냈지요. 그러나 미국과 입장을 달리했던 소련은 38도선 북쪽으로 유엔 한국 임시 위원단이 들어오지 못하게 하였어요. 이러한 상황에서 ㉠ 통일 정부 수립이 어렵다면 남한만이라도 정부를 수립해야 한다고 주장하는 쪽과 ㉡ 남북 ❷분단을 막고자 통일 정부를 수립해야 한다고 주장하는 쪽이 대립하였어요. 결국 국제 연합은 선거가 가능한 남한에서만 총선거를 실시하기로 결정하였어요. 김구와 김규식 등은 남한만의 단독 선거를 막고 통일 정부를 수립하고자 북한의 지도자에게 회담을 제안하였어요. 그러나 남북에서 각각 단독 정부를 수립하는 절차가 진행되었고, 협상은 실패로 끝이 났어요.

나 남한에서는 1948년 5월 10일에 우리나라 최초의 민주주의 선거를 실시하여 국회 의원을 뽑았어요(5·10 총선거). 5·10 총선거 결과 선출된 국회 의원으로 구성된 ❸제헌 국회는 우리나라의 이름을 '대한민국'으로 정하고, 제헌 헌법을 만들어 7월 17일에 ❹공포하였지요. 제헌 헌법에 따라 국회 의원들은 이승만을 ❺초대 대통령으로 뽑았어요. 이승만 대통령은 정부 부서를 조직하고 1948년 8월 15일에 대한민국 정부가 수립되었음을 나라 안팎에 알렸어요. 이후 국제 연합 총회는 대한민국 정부를 ❻합법 정부로 승인하였고, 이후 대한민국은 여러 나라로부터 승인을 받아 국제 사회의 일원이 되었어요. 대한민국 정부의 수립은 대한민국 임시 정부의 ❼법통을 이어 우리 민족의 독립 정부를 수립하였다는 점에서 의의가 있어요. 한편, 북한은 1948년 9월에 조선 민주주의 인민 공화국의 수립을 선포하였어요. 이로써 한반도는 남과 북으로 나누어지게 되었어요.

중심 낱말 찾기

01 각 문단의 중심 낱말을 찾아 쓰세요.

가 문단: 남한의 ☐☐☐ 실시 결정

나 문단: ☐☐☐☐☐☐의 수립 과정

내용 이해

02 이 글의 내용과 일치하지 <u>않는</u> 것은 무엇인가요? [🖉 　]

① 5·10 총선거는 남한과 북한에서 실시되었다.

② 국제 연합은 남한만의 총선거를 결정하였다.

③ 5·10 총선거는 우리나라 최초의 민주 선거이다.

④ 제헌 국회 의원들은 이승만을 초대 대통령으로 뽑았다.

⑤ 소련은 유엔 한국 임시 위원단이 38도선 북쪽으로 들어오지 못하게 하였다.

내용 이해

03 제헌 국회에서 한 일로 알맞은 것을 보기 에서 골라 기호를 쓰세요.

보기

㉠ 헌법을 제정하였다.

㉡ 신탁 통치 반대 운동을 주도하였다.

㉢ 나라 이름을 대한민국으로 정하였다.

㉣ 조선 민주주의 인민 공화국을 수립하였다.

🖉

---

❶ **무산**: 안개가 걷히듯 흩어져 없어짐. 또한 그렇게 흐지부 지 취소됨.

❷ **분단**: 동강이 나게 끊어 가름.

❸ **제헌**: 헌법을 만들어 정함.

❹ **공포**: 이미 확정된 법률, 조약, 명령 따위를 일반 국민에게 널리 알림.

❺ **초대**: 첫 번째에 해당하는 자리나 지위

❻ **합법**: 법령이나 규범에 적합함.

❼ **법통**: 정당한 계통이나 전통

내용 이해

04 대한민국 정부의 수립 과정에서 있었던 일을 순서에 맞게 번호를 쓰세요.

대한민국 정부 수립 선포

이승만 초대 대통령 선출

제헌 국회의 헌법 공포

5·10 총선거를 통한 제헌 국회 구성

내용 이해

05 대한민국 정부 수립의 역사적 의의를 <u>잘못</u> 말한 어린이는 누구인지 쓰세요.

재희	대한민국 임시 정부의 법통을 이었어.
선미	남한과 북한이 힘을 모아 하나의 정부를 수립하였어.
남준	우리 민족의 오랜 염원이었던 독립 정부를 수립하였어.

내용 추론

06 다음은 정부 수립에 대한 김구와 이승만의 주장이에요. 김구와 이승만은 ㉮ 문단의 ㉠, ㉡ 중 어느 쪽에 해당하는지 쓰세요.

- 김구: 나는 통일된 조국을 건설하려다가 38도선을 베고 쓰러질지언정 단독 정부를 세우는 데는 협력하지 않겠다.
- 이승만: 통일 정부를 기다리지만 잘되지 않으니 우리 남쪽만이라도 임시 정부 혹은 위원회 같은 것을 조직해야 할 것이다.

김구: 이승만:

어휘를 익혀요

01 다음 뜻을 나타내는 낱말을 쓰세요.

1 헌법을 만들어 정함. ☐☐

2 법령이나 규범에 적합함. ☐☐

3 안개가 걷히듯 흩어져 없어짐. 또한 그렇게 흐지부지 취소됨. ☐☐

02 다음 문장의 빈칸에 들어갈 낱말을 **보기**에서 찾아 쓰세요.

> **보기**
>
> 분단   무산   초대

1 제헌 국회는 헌법을 만들고 이승만을 (   ) 대통령으로 선출하였다.

2 한국 축구 대표팀이 나이지리아에 아쉽게 패배하여 2연승이 (   )되었다.

3 남한과 북한에 각기 다른 체제의 정부가 수립되면서 남북의 (   )은 현실이 되었다.

03 다음 밑줄 친 낱말의 뜻을 **보기**에서 골라 기호를 쓰세요.

> 제헌 국회는 우리나라의 이름을 '대한민국'으로 정하고, 제헌 헌법을 만들어 7월 17일에 <u>공포</u>하였다.

> **보기**
>
> ㉠ 두렵고 무서움.
> ㉡ 성숙한 식물 세포에 들어 있는 구조물
> ㉢ 이미 확정된 법률, 조약, 명령 등을 일반 국민에게 널리 알리는 일

6·25 전쟁

글을 읽으면서 중요하다고 생각하는 낱말에 색칠해 보세요.

가 남과 북에 서로 다른 체제의 정부가 세워진 뒤 남북 간의 갈등이 점점 커졌어요. 그러던 중 1950년 6월 25일 새벽, 북한은 [1]무력으로 통일을 이루고자 38도선을 넘어 남한을 침략하였어요(6·25 전쟁). 북한군의 갑작스러운 공격으로 남한의 국군은 낙동강 일대까지 후퇴하였어요. 국제 연합은 미국을 중심으로 16개국이 참여한 국제 연합군을 남한에 보냈어요. 국군과 국제 연합군은 인천 상륙 작전에 성공하여 북쪽으로 나아갔어요.

나 국군과 국제 연합군이 북쪽 국경에 이르자 중국은 북한을 지원하였어요. 중국군의 공격을 이기지 못한 국군과 국제 연합군은 다시 남쪽으로 밀려났지요. 그 뒤에도 38도선 부근에서 크고 작은 전투가 계속되었어요. 한편에서는 전쟁을 멈추기 위해 협상을 진행하였어요. 결국 3년 동안 이어진 전쟁은 1953년 7월에 [2]정전 협정이 체결되어 마무리되었지요. 그리고 서로 맞서 싸우던 자리는 휴전선이 되었어요.

다 6·25 전쟁으로 군인뿐만 아니라 많은 [3]민간인이 죽거나 다쳤어요. [4]이산가족과 부모를 잃은 전쟁고아가 수없이 생겨났지요. 많은 사람이 전쟁으로 삶의 터전을 잃고 피란을 떠났으며, 피란을 가지 못한 사람 중에는 [5]점령군이 바뀔 때마다 상대편에게 도움을 주었다는 이유로 목숨을 잃거나 고통을 당하는 경우가 많았어요. 6·25 전쟁 때문에 남북한이 입은 물질적인 피해도 컸어요. 국토는 황폐해졌고 건물, 도로, 공장, 철도 등의 시설이 파괴되었으며, 많은 문화재가 [6]훼손되었어요. 또한 식량과 생활필수품도 부족하여 많은 사람이 어려움을 겪었지요.

라 6·25 전쟁 이후 남한과 북한은 서로 적대시하며 긴장과 갈등 관계를 이어 나갔어요. 한편으로는 이산가족 찾기 방송, 남북한 이산가족 [7]상봉 행사와 같은 교류가 이루어지기도 하였지요. 그러나 아직까지 많은 사람이 가족과 헤어진 채 살아가고 있어요.

49

정답 106쪽

중심 낱말 찾기

01 각 문단의 중심 낱말에 ○표 하세요.

가 문단: [1950년 / 1953년] 6월 25일, 북한은 남한을 침략하였다.

나 문단: 6·25 전쟁은 3년 동안 이어졌고, [휴전 협정 / 정전 협정]이 체결되면서 마무리되었다.

다 문단: 6·25 전쟁으로 많은 희생자가 발생하였고 [국토 / 중국]은/는 황폐해졌다.

라 문단: 6·25 전쟁 이후 남한과 북한 간의 긴장과 [통일 / 갈등] 상태가 계속되고 있다.

내용 이해

02 이 글의 내용과 일치하지 <u>않는</u> 것은 무엇인가요?

  [   ]

① 중국은 남한을 지원하였다.
② 국제 연합군이 6·25 전쟁에 참여하였다.
③ 1950년 6월 25일에 북한이 남한을 침략하였다.
④ 6·25 전쟁으로 많은 사람이 삶의 터전을 잃고 피란을 떠났다.
⑤ 6·25 전쟁 이후 아직까지 많은 사람이 가족과 헤어진 채 살고 있다.

내용 이해

03 6·25 전쟁 과정에서 있었던 일을 순서에 맞게 번호를 쓰세요.

북한군이 남침하였다.

중국군이 개입하였다.

정전 협정이 체결되었다.

인천 상륙 작전이 성공하였다.

---

① **무력**: 군사상의 힘
② **정전**: 합의에 따라 전쟁을 멈추는 일
③ **민간인**: 군인이 아닌 일반 사람
④ **이산가족**: 이리저리 흩어져서 서로 소식을 모르는 가족

⑤ **점령**: 어떤 장소를 차지하여 자리를 잡음.
⑥ **훼손**: 체면이나 명예 따위가 손상됨.
⑦ **상봉**: 헤어졌던 사람들이 서로 만남.

내용 이해

04

다음은 6·25 전쟁으로 인한 피해를 정리한 것이에요. 빈칸에 들어갈 알맞은 내용을 쓰세요.

> • 군인뿐만 아니라 많은 민간인이 죽거나 다쳤다.
> • 이산가족과 부모를 잃은 전쟁고아들이 수없이 생겨났다.
> • _____

내용 이해

05

6·25 전쟁으로 발생한 인명 피해와 물질적인 피해를 선으로 이으세요.

① 인명 피해 •	• ㉠ 주요 시설이 파괴됨, 많은 문화재가 훼손됨
② 물질적인 피해 •	• ㉡ 많은 사람이 죽거나 다침, 이산가족과 전쟁고아가 생겨남

내용 추론

06

6·25 전쟁 중에 있었던 사실 중 지도에 나타난 내용에 대해 바르게 말한 어린이는 누구인지 쓰세요.

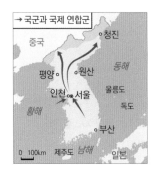

가영 국군이 낙동강 이남까지 후퇴하였어.

선호 중국군이 개입하면서 국군과 연합군이 불리해졌어.

하민 인천 상륙 작전을 계기로 국군과 국제 연합군이 북한 지역의 대부분을 장악하였어.

어휘를 익혀요

01 다음 뜻을 나타내는 낱말에 ◯표 하세요.

1 군사상의 힘 [무력 / 유력]

2 헤어졌던 사람들이 서로 만남. [상봉 / 상영]

3 합의에 따라 전쟁을 멈추는 일 [교전 / 정전]

02 다음 문장의 빈칸에 들어갈 낱말을 **보기**에서 찾아 쓰세요.

보기

| 갈등 | 국토 | 침략 | 협상 |

1 우리나라는 (   ) 면적의 약 70%가 산지이다.

2 고조선은 중국 한의 (   )을/를 받아 멸망하였다.

3 동학 농민군은 조선 정부와 (   )하여 개혁을 약속받고 물러났다.

4 근무 환경, 임금 등의 문제로 노동자와 기업의 경영자 사이에 노사 (   )이/가 일어나기도 한다.

03 다음 글에서 밑줄 친 낱말과 바꾸어 쓸 수 있는 낱말은 무엇인가요? [   ]

> '인터넷 본인 확인제(실명제)'는 자신이 누구인지 드러나지 않는다는 인터넷 특성에 기대어 다른 사람의 명예를 <u>훼손</u>하거나 모욕하는 악성 댓글을 막고자 도입되었다.

① 복구   ② 손상   ③ 약탈   ④ 제한   ⑤ 폐기

12 4·19 혁명

글을 읽으면서 중요하다고 생각하는 낱말에 색칠해 보세요.

가 제헌 국회가 이승만을 우리나라의 첫 번째 대통령으로 선출한 이후, 이승만은 헌법을 바꿔 가며 계속 대통령이 되었어요. 이승만 정부의 **❶독재** 정치가 계속되고 경제도 어려워지자 국민의 불만이 커져 갔어요. 이러한 가운데 ㉠ 이승만 정부는 1960년 3월 15일에 치러진 **❷정부통령** 선거에서 대대적인 **❸부정**을 저질렀어요(3·15 부정 선거). 부정 선거의 방법으로는 3명 또는 5명씩 조를 짜서 투표한 후 조장에게 투표 내용을 알리게 하는 방법, **❹유권자**에게 돈이나 물건을 주면서 이승만 정부에 투표하게 하는 방법, 투표한 용지를 불태워 없애거나 미리 찍은 투표용지를 넣은 투표함으로 바꾸는 방법 등이 있었지요. 그 결과 이승만 정부는 선거에서 이겼어요.

나 이승만 정부의 부정 선거 소식이 알려지자 마산, 광주 등 여러 도시에서 이에 항의하는 **❺시위**가 일어났어요. 마산에서 시위에 참여하였다가 실종되었던 고등학생 김주열의 시신이 마산 앞바다에서 발견되면서 시위는 전국으로 번져 나갔어요. 4월 19일에는 전국에서 많은 사람이 참여하는 큰 시위가 벌어졌어요(4·19 혁명, 1960년). 경찰이 시위대를 향해 무차별적으로 총을 쏘아 많은 사람이 죽거나 다쳤으나 시위는 계속 이어졌어요. 대학교수들도 시위에 **❻동참**하였어요. 마침내 4월 26일 이승만은 국민의 요구를 받아들여 대통령 자리에서 물러났어요. 이로써 3·15 부정 선거는 무효가 되었고, 바뀐 헌법에 따라 새로 구성된 국회는 다음 대통령으로 윤보선을 선출하였어요.

다 4·19 혁명은 학생과 시민 등 다양한 계층이 힘을 합쳐 독재 정권을 물리친 민주주의 혁명이었어요. 4·19 혁명 과정에서 많은 시민과 학생들이 희생되었고, 우리 국민은 4·19 혁명을 계기로 민주적인 절차와 과정을 무시하고 들어선 정권은 국민 스스로 바로잡아야 한다고 생각하게 되었지요. 4·19 혁명은 이후 민주주의가 위기를 맞을 때마다 우리나라의 민주주의를 지켜 내는 **❼밑거름**이 되었어요.

정답 107쪽

중심 낱말 찾기

01 각 문단의 중심 낱말을 찾아 쓰세요.

가 문단: 3·15 ☐☐☐ 의 내용

나 문단: ☐·☐☐☐ 의 전개 과정과 결과

다 문단: ☐☐ 과 시민의 힘으로 독재 정권을 물리친 민주주의 혁명

내용 이해

02 ㉠에 해당하는 내용으로 알맞지 <u>않은</u> 것은 무엇인가요? [✎]

① 투표한 용지를 불태워 없앴다.

② 남성만 투표에 참여할 수 있게 하였다.

③ 미리 찍은 투표용지를 넣은 투표함으로 바꾸었다.

④ 유권자들에게 돈이나 물건을 주면서 이승만 정부에 투표하도록 하였다.

⑤ 3명 또는 5명씩 조를 짜서 투표한 후 조장에게 투표 내용을 알리게 하였다.

내용 이해

03 4·19 혁명의 원인이 된 사건으로 알맞은 것은 무엇인가요? [✎]

① 갑신정변   ② 을미사변   ③ 3·1 운동

④ 을사늑약 체결   ⑤ 3·15 부정 선거

① **독재**: 민주적인 절차를 부정하고 통치자의 독단으로 행하는 정치

② **정부통령**: 대통령과 부통령을 아울러 이르는 말

③ **부정**: 올바르지 아니하거나 옳지 못함.

④ **유권자**: 선거할 권리를 가진 사람

⑤ **시위**: 많은 사람들이 요구 조건을 내걸고 집회나 행진을 하며 의사를 표시하는 행동

⑥ **동참**: 어떤 모임이나 일에 같이 참가함.

⑦ **밑거름**: 어떤 일을 이루는 데 기초가 되는 부분

내용 이해

04 4·19 혁명 과정에서 있었던 일을 순서에 맞게 번호를 쓰세요.

3·15 부정 선거가 일어났다.

이승만이 대통령 자리에서 물러났다.

4월 19일에 전국에서 많은 사람이 참여하는 큰 시위가 벌어졌다.

고등학생 김주열의 시신이 마산 앞바다에서 발견되었다.

내용 이해

05 다음 질문에 잘못 답한 어린이는 누구인지 쓰세요.

4·19 혁명은 어떤 결과를 가져왔을까요?

지은 3·15 부정 선거가 무효가 되었어요.

해영 김구가 새 대통령으로 선출되었어요.

민호 헌법이 바뀌고 국회가 새로 구성되었어요.

내용 추론

06 다음 자료를 토대로 사람들이 4·19 혁명에 참여한 이유는 무엇인지 쓰세요.

지금 대한민국의 학생들은 우리나라의 민주주의를 위해 싸웁니다. …… 우리들이 아니면 누가 하겠습니까? 저는 아직 철이 없는 줄 압니다. 그러나 나라와 민족을 위하는 길이 무엇인지는 잘 알고 있습니다. – 한성여자중학교 진영숙 학생이 시위에 나가면서 쓴 편지

어휘를 익혀요

01 다음 낱말의 뜻을 찾아 선으로 이으세요.

1 독재 •

2 부정 •

3 정부통령 •

• ㄱ 올바르지 아니하거나 옳지 못함.

• ㄴ 대통령과 부통령을 아울러 이르는 말

• ㄷ 민주적인 절차를 부정하고 통치자의 독단으로 행하는 정치

02 다음 문장의 빈칸에 들어갈 낱말을 보기에서 찾아 쓰세요.

보기

동참   투표   밑거름

1 시민들의 (   )(으)로 모금 운동은 성공적으로 끝이 났다.

2 그동안의 경험을 (   )(으)로 삼아 더욱 힘써 공부할 것이다.

3 국회 의원들은 (   )을/를 통해 이승만을 초대 대통령으로 뽑았다.

03 '시위'가 다음과 같은 뜻으로 쓰인 문장이 <u>아닌</u> 것은 무엇인가요?

많은 사람들이 요구 조건을 내걸고 집회나 행진을 하며 의사를 표시하는 행동

① 군인들이 <u>시위</u>를 폭력적으로 진압하였다.

② 3·1 운동은 전 민족이 참여한 만세 <u>시위</u>였다.

③ <u>시위</u>에 화살을 걸어서 잡아당기었다가 놓았더니 화살이 날아갔다.

④ 전국에서 백만 명이 넘는 사람들이 반독재 민주화 <u>시위</u>에 참여하였다.

⑤ 촛불 집회는 시민들이 자발적으로 참여하는 대표적인 <u>시위</u> 형태로 자리 잡았다.

13 5·16 군사 정변과 유신 체제

글을 읽으면서 중요하다고 생각하는 낱말에 색칠해 보세요.

가 4·19 혁명 이후 국민은 민주적인 사회가 올 것이라는 기대를 하고 있었어요. 그러나 국민의 ❶바람과는 달리 새로운 정부가 들어선지 1년도 되지 않아 박정희를 중심으로 한 일부 군인들이 무력으로 정권을 잡았어요(5·16 군사 ❷정변, 1961년). 이들은 대통령 중심제로 헌법을 바꾸었어요. 그리고 이 헌법에 따라 치러진 선거에서 박정희가 대통령에 당선되었어요. 그 뒤에 치러진 두 번의 선거에서 연이어 대통령에 당선된 박정희는 계속해서 대통령을 하려고 하였어요. 그래서 대통령직을 3회까지 할 수 있도록 헌법을 바꾸고 다시 대통령이 되었지요.

나 박정희는 대통령에 당선되었으나, 이후 국내외 ❸정세가 박정희 정부에 불리해졌어요. 그러자 박정희 정부는 1972년 10월에 ㉠ 유신 헌법을 제정하였어요. 유신 헌법에 따라 대통령 선출 방법이 ❹직선제에서 ❺간선제로 바뀌었어요. 그리고 대통령을 할 수 있는 횟수를 제한하지 않아 박정희 정부는 사실상 ❻영구 집권을 할 수 있게 되었지요. 또한 대통령에게 국회 의원 3분의 1을 추천할 수 있는 권리, 국회를 해산할 수 있는 권리, 긴급한 상황이 발생하였을 때 국민의 일상적인 업무나 활동 등을 제재할 수 있는 긴급 조치권 등 강력한 권한이 주어졌어요.

다 유신 체제가 성립하자 언론, 노동, 학생 계층 등은 유신 헌법의 폐지를 요구하는 민주화 운동을 곳곳에서 전개하였어요. 그러나 유신 헌법으로 막강한 권한을 가지게 된 박정희 정부는 국민의 기본적인 권리를 빼앗으며 민주화 운동을 탄압하였지요. 그럼에도 불구하고 유신 체제에 반대하는 움직임은 계속 되었어요. 그러던 중 1979년 부산과 마산에서는 유신 헌법 폐지와 독재 반대를 외치는 대규모 시위가 전개되었어요(부마 민주 항쟁). 이 사건의 처리 문제를 두고 박정희 정부 내부에서는 갈등이 벌어졌는데, 이 과정에서 박정희 대통령이 부하에게 살해당하면서 유신 체제는 ❼붕괴되었어요(10·26 사태).

글을 이해해요

중심 낱말 찾기

01 각 문단의 중심 낱말에 ◯표 하세요.

가 문단: 박정희 등 일부 군인들이 [10·26 사태 / 5·16 군사 정변]을/를 일으켜 정권을 잡았다.

나 문단: 박정희는 1972년 대통령에게 모든 권력을 집중시키는 [유신 헌법 / 제헌 헌법]을 제정하였다.

다 문단: 부산과 마산에서는 유신 헌법의 폐지를 요구한 [4·19 혁명 / 부마 민주 항쟁]이 전개되었다.

내용 이해

02 ⊙에 대한 설명으로 알맞지 <u>않은</u> 것은 무엇인가요? [ ]

① 국민의 자유와 권리를 보장하였다.

② 대통령 직선제를 간선제로 바꾸었다.

③ 대통령직을 할 수 있는 횟수를 제한하지 않았다.

④ 대통령에게 국회를 해산할 수 있는 권리를 주었다.

⑤ 대통령에게 국회 의원 3분의 1을 추천할 수 있는 권리를 주었다.

내용 이해

03 다음 내용이 맞으면 ◯, 틀리면 ✕에 표시하세요.

1 유신 체제는 10·26 사태 이후 붕괴되었다. [◯ / ✕]

2 이승만 정부는 유신 헌법을 토대로 하여 영구 집권하고자 하였다. [◯ / ✕]

---

❶ 바람: 어떤 일이 이루어지기를 기다리는 간절한 마음

❷ 정변: 혁명이나 쿠데타 등의 비합법적인 수단으로 생긴 정치상의 큰 변동

❸ 정세: 정치상의 동향이나 형세

❹ 직선제: 국민이 직접 대표를 뽑는 선거 제도

❺ 간선제: 일정 수의 선거인단을 구성해 이들에게 대표를 뽑게 하는 선거 제도

❻ 영구: 어떤 상태가 시간상으로 무한히 이어짐.

❼ 붕괴: 무너지고 깨어짐.

04 (가)에 들어갈 내용으로 알맞은 것은 무엇인가요? [✐   ]

5·16
군사 정변과
유신 체제의
붕괴
▶

5·16 군사 정변 발생 ⇢ 유신 헌법 제정

(가) ⇠

유신 체제 붕괴

① 4·19 혁명 ② 6·25 전쟁 ③ 5·10 총선거
④ 3·15 부정 선거 ⑤ 부마 민주 항쟁

05 (가), (나) 중 각 문단을 내용에 알맞게 분류한 것의 기호를 쓰세요.

(가)

박정희 정부의
수립
가 , 나 문단
+
유신 체제의
성립과 붕괴
다 문단

(나)

박정희 정부의
수립
가 문단
+
유신 체제의
성립과 붕괴
나 , 다 문단

✐ _____

06 이 글을 읽고 유신 체제가 성립되었던 시기의 상황을 바르게 이해한 어린이는 누구인지 쓰세요.

선우	국민이 직접 대통령을 뽑았어.
유미	대통령직은 한 번만 할 수 있었어.
재호	대통령이 국민의 기본적인 권리를 제한할 수 있었어.

✐ _____

어휘를 익혀요

01 다음 뜻을 나타내는 낱말에 ○표 하세요.

1 무너지고 깨어짐. [폐지 / 붕괴]

2 어떤 상태가 시간상으로 무한히 이어짐. [영구 / 함구]

3 국민이 직접 대표를 뽑는 선거 제도 [간선제 / 직선제]

02 다음 밑줄 친 낱말의 뜻을 **보기**에서 찾아 기호를 쓰세요.

보기

㉠ 정치상의 동향이나 형세
㉡ 혁명이나 쿠데타 등의 비합법적인 수단으로 생긴 정치상의 큰 변동
㉢ 국민이 권력을 가지고 그 권력을 스스로 행사하는 제도. 또는 그런 정치를 지향하는 사상

1 국내 정세가 불안하자 사회가 어수선해지고 민심이 흉흉해졌다. (   )

2 민주 선거의 기본 원칙은 보통 선거, 직접 선거, 평등 선거, 비밀 선거이다. (   )

3 김옥균 등은 우정총국을 세운 것을 축하하는 기념식에서 새로운 정부를 구성하는 정변을
일으켰다. (   )

03 다음 빈칸에 공통으로 들어갈 낱말로 알맞은 것은 무엇인가요? [✎   ]

• 나의 (   )대로 내일은 흰 눈이 왔으면 좋겠다.
• 축구공에 (   )을/를 가득 넣어 부풀어 오르게 하였다.

① 공기   ② 기체   ③ 마음   ④ 바람   ⑤ 생각

14 5·18 민주화 운동

글을 읽으면서 중요하다고 생각하는 낱말에 색칠해 보세요.

가 박정희 정부가 끝이 나자 국민들은 독재 정치가 끝나고 민주 사회가 올 것이라고 기대하였어요. 그러나 전두환을 중심으로 한 ❶신군부가 불법적으로 군대를 동원하여 권력을 장악하였어요(12·12 사태, 1979년). 학생과 시민들은 신군부의 ❷퇴진과 민주화를 요구하며 지속적으로 시위를 벌여 나갔어요. 신군부는 이를 막기 위해 ❸계엄령을 전국으로 확대하고 민주화 운동을 탄압하였지요.

나 1980년 5월 18일 전라남도 광주에서 계엄령 철폐와 민주화를 요구하는 큰 시위가 일어났어요. 신군부는 시위를 진압할 계엄군을 광주에 보냈어요. 계엄군은 시위에 참가한 학생과 시민들을 폭력적으로 진압하였고, 이 과정에서 수많은 사람이 다치거나 목숨을 잃었어요. 이에 분노한 광주 시민들은 ❹시민군을 만들어 계엄군에 맞섰어요(5·18 민주화 운동, 1980년). 계엄군은 광주로 통하는 교통과 통신을 ❺차단하여 광주 사람들이 다른 지역의 사람들과 접촉하지 못하도록 하였어요. 그리고 언론이 광주에서 일어난 일을 사실대로 전하는 것을 막았어요.

다 계엄군에 의해 ❻고립된 광주에서는 시민들이 스스로 질서를 유지하며 힘든 상황을 함께 헤쳐 나가고자 하였어요. 시민들은 음식을 만들어 시민군에게 나누어 주었고, 부상자를 돕기 위해 의료 봉사를 하였어요. 그러나 계엄군이 전라남도 도청에 모여 끝까지 저항하던 시민군을 무력으로 진압하면서 5·18 민주화 운동은 끝이 났어요. 이 과정에서 수많은 광주 시민들이 희생되었어요.

라 5·18 민주화 운동은 부당한 정권에 맞서 민주주의를 지키려는 시민의 의지를 보여 주는 사건이었어요. 또한 우리나라의 민주주의 발전에 밑거름이 되었지요. 1997년 정부는 5·18 민주화 운동이 일어난 5월 18일을 국가 기념일로 지정하였어요. 5·18 민주화 운동 당시의 상황을 알려 주는 기록, 사진 자료 등은 2011년에 그 가치를 인정받아 유네스코 세계 기록 유산으로 ❼등재되었어요.

글을 이해해요

중심 낱말 찾기

01 다음 ㄱ에 들어갈 낱말을 이 글에서 찾아 쓰세요.

> 1980년 5월 전라남도 광주에서 (ㄱ⟶   )이/가 일어나 계엄령 철폐와 민주화
> 를 요구하는 큰 시위가 전개되었다.

내용 이해

02 이 글의 내용과 일치하지 <u>않는</u> 것은 무엇인가요? [ ]

① 신군부는 계엄령을 확대하고 민주화 운동을 탄압하였다.

② 박정희 정부가 끝나고 국민들은 민주 사회가 올 것을 기대하였다.

③ 박정희가 중심이 된 군인들은 12·12 사태를 통해 권력을 장악하였다.

④ 5·18 민주화 운동 기록물은 유네스코 세계 기록 유산으로 등재되었다.

⑤ 1997년 정부는 5·18 민주화 운동을 기억하기 위해 5월 18일을 국가 기념일로 지정하였다.

내용 이해

03 5·18 민주화 운동에 대한 내용이 맞으면 ○, 틀리면 ✕에 표시하세요.

❶ 학생과 시민들은 계엄령에 맞서 민주화를 요구하였다. [○ / ✕]

❷ 계엄군이 비폭력적인 방법으로 학생과 시민들의 시위를 진압하였다. [○ / ✕]

❸ 언론은 계엄군 때문에 광주에서 일어난 일을 사실대로 전할 수 없었다. [○ / ✕]

❶ **신군부:** 새로 권력을 잡은 군인 세력

❷ **퇴진:** 어떤 지위나 직책에서 물러남.

❸ **계엄령:** 전쟁이나 내란 등 국가의 비상사태가 일어났을
때, 질서 유지를 위해 군대를 동원하는 일

❹ **시민군:** 시민들이 스스로 조직한 군대

❺ **차단:** 다른 것과의 관계나 접촉을 막거나 끊음.

❻ **고립:** 다른 사람과 어울리어 사귀지 아니하거나 도움을 받
지 못하여 외톨이로 됨.

❼ **등재:** 일정한 사항을 장부나 대장에 올림.

04 다음 ㄱ, ㄴ에 들어갈 말을 보기에서 골라 기호를 쓰세요.

> **보기**
>
> 시민군   계엄군   계엄령

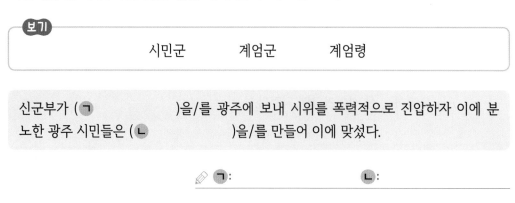

신군부가 (ㄱ   )을/를 광주에 보내 시위를 폭력적으로 진압하자 이에 분노한 광주 시민들은 (ㄴ   )을/를 만들어 이에 맞섰다.

✏️ ㄱ: ㄴ:

05 이 글을 읽고 5·18 민주화 운동이 일어났을 당시의 상황을 <u>잘못</u> 말한 어린이는 누구인지 쓰세요.

수연	광주 시민들은 어려움에 처한 이웃을 도와주지 않았어.
윤호	당시 국민들은 광주에서 일어난 5·18 민주화 운동을 잘 몰랐을 거야.
지수	민주주의를 지키고자 한 많은 광주 시민이 계엄군의 진압으로 희생되었어.

✏️ _____

06 다음 자료에 기록된 사건에 대한 설명으로 알맞은 것은 무엇인가요? [✏️   ]

> 우리는 왜 총을 들 수밖에 없었는가? …… 계엄 당국은 18일 오후부터 공수 부대를 대량 투입하여 시내 곳곳에서 학생, 젊은이들에게 무차별 살상을 자행하였으니!
>
> – 광주 시민의 궐기문(1980. 5. 25.)

① 10·26 사태로 실패하였다.

② 4·19 혁명의 배경이 되었다.

③ 12·12 사태의 원인이 되었다.

④ 계엄령 철폐와 민주화를 요구하였다.

⑤ 유신 체제가 성립되는 배경이 되었다.

어휘를 익혀요

01 다음 낱말의 뜻을 찾아 선으로 이으세요.

1 고립 •
2 등재 •
3 계엄령 •

• ㄱ 일정한 사항을 장부나 대장에 올림.

• ㄴ 다른 사람과 어울리어 사귀지 아니하거나 도움을 받지 못하여 외톨이로 됨.

• ㄷ 전쟁이나 내란 등 국가의 비상사태가 일어났을 때, 질서 유지를 위해 군대를 동원하는 일

02 다음 문장의 빈칸에 들어갈 낱말을 보기에서 찾아 쓰세요.

보기

독재   의지   차단   희생

1 그는 이번 일을 이루려는 굳은 (   )을/를 보였다.

2 여름이 덥고 건조한 그리스는 집을 지을 때 벽을 두껍게 하여 열을 (   )한다.

3 매해 5월 18일에 기념식을 개최하여 5·18 민주화 운동 당시 (   )된 사람들을 추모하고 있다.

4 시리아에서는 30년간 대통령의 (   )이/가 이어졌고 학생들은 이에 반대하는 시위를 벌였다.

03 다음 글에서 밑줄 친 낱말과 바꾸어 쓸 수 있는 낱말은 무엇인가요? [✎   ]

회원들은 이번 사건과 관련된 책임자들을 격렬히 비난하면서 이들의 <u>사퇴</u>를 요구하였다.

① 입사   ② 진입   ③ 참여   ④ 퇴진   ⑤ 합류

6월 민주 항쟁

글을 읽으면서 중요하다고 생각하는 낱말에 색칠해 보세요.

가 전두환은 5·18 민주화 운동을 강제로 진압한 뒤 간접 선거로 대통령이 되었어요. 이후 전두환 정부는 신문과 방송이 정부를 비판하는 내용을 내보내지 못하게 하였으며, 민주화를 요구하는 국민을 탄압하였어요. 전두환 정부의 ^❶강압 정치로 국민의 불만이 높아지는 가운데 민주화 운동에 참여하였던 대학생 박종철이 강제로 경찰에 끌려가 ^❷고문을 받다가 사망하는 사건이 발생하였어요.

나 학생과 시민들은 박종철 학생 사망 사건과 관련된 책임자 처벌, 고문 금지, 대통령 직선제 등을 요구하였어요. 그러나 전두환 정부는 대통령 직선제를 비롯한 국민의 요구를 받아들이지 않겠다고 발표하였어요. 시민들은 정부의 발표에 분노하였고, 많은 지역에서 시위가 이어졌어요. 이 과정에서 시위에 참여하였던 대학생 이한열이 경찰이 쏜 ^❸최루탄에 맞아 쓰러졌어요. 이에 학생과 시민들은 전두환 정부의 독재에 반대하고 대통령 직선제를 요구하며 전국 각지에서 큰 시위를 벌였지요(6월 민주 항쟁, 1987년).

다 시위가 계속되자 결국 전두환 정부는 당시 ^❹여당의 대통령 후보인 노태우를 통해 대통령 직선제를 포함한 국민의 민주화 요구를 받아들이겠다고 발표하였어요(6·29 민주화 선언, 1987년). 6·29 민주화 선언에는 대통령 직선제 시행뿐만 아니라 언론의 자유 보장, 인간의 ^❺존엄성 보장, ^❻지방 자치제 시행 등의 내용이 있었지요. 6·29 민주화 선언에 따라 헌법이 바뀌었고 법이 새롭게 만들어졌어요.

라 6월 민주 항쟁은 학생과 시민들이 힘을 합쳐 군사 정권을 끝내고 민주적인 정부 수립의 길을 열었다는 점에서 큰 의의가 있어요. 6월 민주 항쟁으로 우리 사회 여러 분야에서 민주적인 제도가 만들어졌으며, 시민들의 민주주의 의식이 크게 높아졌습니다. 또한 자유로운 정치 활동이 가능해지면서 시민들의 정치 참여 기회도 많아졌어요.

글을 이해해요

01 각 문단의 중심 낱말을 찾아 쓰세요.

가 문단: ☐☐☐ 를 요구하는 국민을 탄압한 전두환 정부

나 문단: ☐☐☐☐☐ 의 전개

다 문단: 대통령 ☐☐☐ 시행 등을 발표한 6·29 민주화 선언

라 문단: 6월 민주 항쟁 이후 시민들의 ☐☐ 참여 확대

02 6월 민주 항쟁 당시 학생과 시민들이 주장한 내용으로 알맞은 것을 두 가지 고르세요. [✎ ,]

① 대통령 직선제를 실시하라. ② 3·15 부정 선거는 무효이다.

③ 정부는 마산 사건을 책임져라. ④ 전두환 정부의 독재에 반대한다.

⑤ 박정희 정부는 유신 헌법을 폐지하라.

03 이 글의 내용과 일치하도록 괄호 안의 낱말 중 알맞은 것에 ◯표 하세요.

1 1987년에 일어난 6월 민주 항쟁의 결과 [유신 헌법 / 6·29 민주화 선언]이 발표되었다.

2 6월 민주 항쟁은 학생과 시민들의 힘으로 [군사 / 민주] 정권을 끝내고 [군사 / 민주] 정부 수립의 길을 열었다는 점에서 큰 의미가 있다.

---

❶ **강압**: 강한 힘이나 권력으로 강제로 억누름.

❷ **고문**: 숨기고 있는 사실을 강제로 알아내기 위하여 육체적·정신적 고통을 주며 캐어물음.

❸ **최루탄**: 눈물샘을 자극하여 눈물을 흘리게 하는 약이나 물질을 넣은 탄환

❹ **여당**: 현재 정권을 잡고 있는 정당

❺ **존엄성**: 감히 범할 수 없는 높고 엄숙한 성질

❻ **지방 자치제**: 지방의 행정을 지방 주민이 선출한 기관을 통하여 처리하는 제도

6월 민주 항쟁 과정에서 있었던 일을 순서에 맞게 번호를 쓰세요.

많은 지역에서 이어진 시위 과정에서 대학생 이한열이 경찰이 쏜 최루탄에 맞아 쓰러졌다.

대학생 박종철이 강제로 경찰에 끌려가 고문을 받다가 사망하였다.

전두환 정부가 대통령 직선제 등 국민의 요구를 받아들이지 않겠다고 발표하였다.

전두환 정부가 대통령 직선제를 포함한 민주화 요구를 받아들이겠다고 발표하였다.

6월 민주 항쟁이 우리나라의 민주화에 끼친 영향을 잘못 이해한 어린이는 누구인지 쓰세요.

민재	시민들의 정치 참여 기회가 많아지는 데 영향을 주었어요.
아영	시민들의 민주주의 의식이 크게 낮아지는 데 영향을 주었어요.
현수	우리 사회에 민주적인 제도가 만들어지는 데 영향을 주었어요.

다음은 6·29 민주화 선언에 담긴 내용을 표현한 그림이에요. 그림에 알맞은 내용을 **보기**에서 찾아 기호를 쓰세요.

보기
㉠ 언론의 자유 보장   ㉡ 지방 자치제 시행   ㉢ 대통령 직선제 시행

❶ 대통령을 국민이 직접 뽑아요.

[　　]

❷ 언론이 자유롭게 사실을 전할 수 있어요.

[　　]

❸ 주민들 스스로 지역의 일을 결정해요.

[　　]

어휘를 익혀요

01 다음 뜻을 나타내는 낱말에 ◯표 하세요.

1 현재 정권을 잡고 있는 정당 [여당 / 야당]

2 감히 범할 수 없는 높고 엄숙한 성질 [영구성 / 존엄성]

3 강한 힘이나 권력으로 강제로 억누름. [강압 / 기압]

02 다음 문장의 빈칸에 들어갈 낱말을 **보기**에서 찾아 쓰세요.

> **보기**
>
> 고문　　　기회　　　분노　　　처벌

1 법은 모두가 공정한 (　　　　　) 속에서 평등하게 살아갈 수 있게 해 준다.

2 국회에서는 법률을 고쳐 방역 수칙을 어긴 사람을 (　　　　　)하는 기준을 높였다.

3 유관순은 일제의 혹독한 (　　　　　)을/를 이기지 못하고 감옥에서 목숨을 잃었다.

4 신라 말 진성 여왕이 관리를 보내 조세를 독촉하자 농민의 (　　　　　)이/가 폭발하였다.

03 다음 글의 밑줄 친 '열다'와 같은 뜻으로 사용된 문장은 무엇인가요? [　　　]

> 1987년 학생과 시민들은 6월 민주 항쟁을 통해 군사 정권을 끝내고 민주적인 정부 수립의 길을 <u>열었다</u>.

① 가방을 <u>열어</u> 책을 꺼냈다.

② 부여는 12월에 영고라는 제천 행사를 <u>열었다</u>.

③ 왕건은 고려를 건국함으로써 새 왕조를 <u>열었다</u>.

④ 우리 동네 빵집의 문 <u>여는</u> 시간은 오전 10시이다.

⑤ 영주는 잠시 침묵을 지킨 뒤 곧 담담하게 입을 <u>열었다</u>.

민주주의의 발달과 오늘날 사회 공동의 문제

글을 읽으면서 중요하다고 생각하는 낱말에 색칠해 보세요.

가 6월 민주 항쟁의 결과 대통령 선출 방법을 직선제로 바꾸는 새 헌법이 제정되었어요. 새 헌법에 따라 1987년 시행된 제13대 대통령 선거에서 노태우 후보가 당선되었지요. 국민의 힘으로 일구어 낸 대통령 직선제는 오늘날까지 계속 시행되고 있으며, 국민은 직접 선거를 통해 대통령을 뽑고 있어요.

나 6월 민주 항쟁 이후 지방 자치제도 ❶부활하였어요. 지방 자치제는 1952년에 처음 시행되었으나, 5·16 군사 정변으로 사실상 중단되었지요. 그 뒤 1991년에 지방 의회 선거가 다시 치러졌으며, 1995년에 지방 의회 의원과 지방 ❷자치 단체장을 모두 주민 투표로 선출하면서 지방 자치제가 자리 잡았어요. 지방 자치제는 지역 주민이 직접 뽑은 지방 의회 의원과 지방 자치 단체장이 그 지역의 일을 처리하는 제도예요. 지방 자치제가 시행되어 주민들은 지역의 문제를 스스로 해결하고자 다양한 의견을 제시하고, 지역의 대표는 주민들의 의견을 수렴하여 지역 문제를 민주적으로 해결할 수 있게 되었어요.

다 한편, 6월 민주 항쟁 이전까지 시민들은 주로 대규모 집회를 열어 사회 공동의 문제를 해결하는 데 참여하였어요. 그러나 오늘날 시민들은 투표, 촛불 집회, 1인 시위, ❸캠페인, ❹서명 운동 등 다양한 방식으로 인권, ❺복지, 환경 등과 같은 사회 공동의 문제를 해결하는 데 참여해요. 최근에는 정보 통신 기술이 발달하면서 공공 기관 누리집이나 누리 소통망 서비스(SNS)에 자신의 의견을 올리는 시민들도 많아졌어요. 이 밖에도 시민들은 공청회에 참석하여 전문가의 설명을 듣고 의견을 나누기도 하고 ❻시민 단체나 ❼정당에 가입하여 적극적으로 활동하기도 해요.

라 이처럼 오늘날 시민들이 다양한 방식으로 사회 공동의 문제 해결에 참여하면서 우리 사회의 많은 문제가 민주적으로 해결되고 있어요. 그리고 이를 바탕으로 우리 사회가 진정한 민주 사회로 발전할 수 있게 되었어요.

정답 111쪽

중심 낱말 찾기

01 각 문단의 중심 낱말을 찾아 쓰세요.

가 문단: 6월 민주 항쟁 이후 대통령 ☐☐☐ 의 시행

나 문단: 6월 민주 항쟁 이후 ☐☐☐☐ 의 부활

다 문단: 오늘날 시민들이 ☐☐ 공동의 문제를 해결하는 방식

라 문단: 진정한 ☐☐ 사회로 발전하는 우리 사회

내용 이해

02 다음 민주주의 제도와 그 의미를 선으로 이으세요.

1 지방 자치제 •

2 대통령 직선제 •

• **ㄱ** 국민이 직접 선거로 대통령을 뽑는 제도

• **ㄴ** 지역 주민이 직접 뽑은 대표가 그 지역의 일을 처리하는 제도

내용 이해

03 이 글의 내용과 일치하도록 괄호 안의 낱말 중 알맞은 것에 ○표 하세요.

1 지방 자치제를 시행하면서 지역 대표는 주민들의 의견을 반영하여 지역 문제를 [독단적 / 민주적]으로 해결할 수 있게 되었다.

2 오늘날 정보 통신 기술의 발달로 시민들은 [헌법 / 누리 소통망 서비스(SNS)]에 자신의 의견을 올리며 문제 해결에 참여하기도 한다.

---

❶ 부활: 쇠퇴하거나 폐지한 것이 다시 성하게 됨.

❷ 자치: 자기 일을 스스로 다스림.

❸ 캠페인: 사회·정치적 목적 따위를 위하여 조직적이고도 지속적으로 행하는 운동

❹ 서명: 자신의 이름을 써넣음. 또는 써넣은 것

❺ 복지: 행복한 삶

❻ 시민: 국가 사회의 일원으로서 그 나라 헌법에 의한 모든 권리와 의무를 가지는 자유민

❼ 정당: 정치적 의견을 같이하는 사람들이 정권 획득을 목적으로 만든 단체

04 오늘날 시민들이 사회 공동의 문제 해결에 참여하는 방식으로 알맞은 것에 ◯표 하세요.

투표	

서명 운동	

상소문 작성	

캠페인 활동	

군사 정변 참여	

05 다음 ㄱ, ㄴ에 들어갈 말을 이 글에서 찾아 쓰세요.

> 오늘날 시민들은 사회 공동의 문제 해결을 위해 전문가의 설명을 듣고 의견을 나누는 회의인 (ㄱ   )에 참석하기도 하고, 정치적 의견을 같이하는 사람들이 모여 만든 단체인 (ㄴ   )에 가입하여 활동하기도 한다.

✏️ ㄱ: ㄴ:

06 다음 자료를 보고 추론한 우리 사회의 모습으로 알맞은 것은 무엇인가요? [✏️   ]

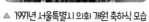
▲ 1991년 서울특별시 의회 개원 축하식 모습

▲ 1995년 지방 선거의 개표 모습

① 민주주의가 쇠퇴하였을 거야.
② 군사 정권이 수립되었을 거야.
③ 지방 자치제가 폐지되었을 거야.
④ 국민이 대통령을 간접 선거로 뽑았을 거야.
⑤ 지역 주민들의 정치 참여가 활발해졌을 거야.

어휘를 익혀요

01 다음 낱말의 뜻을 찾아 선으로 이으세요.

1 서명 •

2 시민 •

3 캠페인 •

• ㉠ 자신의 이름을 써넣음. 또는 써넣은 것

• ㉡ 사회·정치적 목적 따위를 위하여 조직적이고도 지속적으로 행하는 운동

• ㉢ 국가 사회의 일원으로서 그 나라 헌법에 의한 모든 권리와 의무를 가지는 자유민

02 다음 밑줄 친 낱말의 뜻을 **보기**에서 찾아 기호를 쓰세요.

보기
㉠ 행복한 삶
㉡ 쇠퇴하거나 폐지한 것이 다시 성하게 됨.
㉢ 여러 사람이 어떤 목적을 위하여 일시적으로 모이는 일

1 학교 축제가 4년 만에 <u>부활</u>하여 지금 한창 벌어지고 있다. (   )

2 장애인, 노인, 임산부 등의 기본권을 보장하여 이들의 <u>복지</u> 증진에 이바지해야 한다.
(   )

3 국권을 빼앗은 일제는 한국인의 언론·출판·<u>집회</u>·결사의 자유를 빼앗아 정치 활동을 금지하였다. (   )

03 다음 글에서 밑줄 친 낱말과 바꾸어 쓸 수 있는 낱말은 무엇인가요? [✎   ]

오랜 시간에 걸쳐 이야기를 나눈 끝에 회의 참석자들의 서로 다른 의견이 하나로 <u>수렴</u>되었다.

① 교체   ② 대체   ③ 정리   ④ 확산   ⑤ 확장

6·25 전쟁 이후 ~ 1980년대 우리나라의 경제 성장 모습

글을 읽으면서 중요하다고 생각하는 낱말에 색칠해 보세요.

가 6·25 전쟁으로 공장, 발전소 등 각종 산업 시설이 파괴되고 식량과 생활필수품이 부족해졌어요. 정부는 경제를 살리기 위해 농업 중심의 산업 구조를 공업 중심의 산업 구조로 바꾸려고 노력하였지요. 이 시기에는 산업을 키울 자본과 기술이 부족하였기 때문에 외국에서 지원받은 밀, 사탕수수, 면화와 같은 ❶원료로 밀가루, 설탕, 면직물 등을 만드는 산업이 주로 발전하였어요.

나 1960년대에 정부는 경제 성장을 위해 ❷경제 개발 5개년 계획을 추진하였어요. 당시 우리나라는 자본과 기술은 부족하였지만 노동력이 풍부하였지요. 따라서 정부는 가발, 의류, 신발과 같이 많은 노동력이 필요한 ❸경공업을 육성하여 수출을 늘리는 데 힘썼어요. 특히 화학 비료, 시멘트, ❹정유 등 산업 발전에 기초가 되는 공업을 육성하였고, 공장에서 생산한 제품을 운반하여 수출할 수 있도록 도로와 ❺항만 시설을 건설하였지요.

다 ㉠1970년대에 정부는 우리나라의 산업 구조를 경공업 중심에서 철강, 석유 화학, ❻조선, 기계, 전자 등 ❼중화학 공업 중심으로 바꾸려고 노력하였어요. 중화학 공업은 경공업보다 많은 돈과 높은 기술력이 필요한 산업이에요. 따라서 정부는 교육 시설과 연구소를 설립하고, 기업에는 낮은 이자율로 돈을 빌려주었지요. 정부가 철강, 석유 화학 산업을 적극 육성하면서 포항에 제철소가 건설되고, 구미 등에 큰 공업 단지가 세워졌으며, 거제 등에 대형 선박을 만드는 조선소가 설립되었어요.

라 1980년대에는 기존의 철강, 석유 화학 산업과 함께 기계, 전자 산업이 발달하였어요. 이에 따라 자동차, 정밀 기계, 기계 부품, 텔레비전 등이 주요 수출품으로 자리 잡았지요. 그 결과 중화학 공업 제품의 생산 비중이 경공업을 크게 넘어서게 되었어요. 우리나라의 산업 구조가 경공업에서 중화학 공업 중심으로 바뀌면서 수출액이 증가하고, 사람들의 생활 수준이 높아졌답니다.

중심 낱말 찾기

01 각 문단의 중심 낱말을 찾아 쓰세요.

가 문단: 6·25전쟁 직후의 ☐☐ 발전

나 문단: 1960년대 정부의 ☐ 공업 육성 노력

다 문단: 1970년대 정부의 ☐☐☐ 공업 육성 노력

라 문단: 1980년대 수출액의 증가와 ☐☐☐☐의 향상

내용 이해

02 다음에서 설명하는 정책을 이 글에서 찾아 쓰세요.

> 1960년대에 정부가 경제 발전을 목표로 5년씩 나누어 추진한 경제 계획 정책이다.

🖉 _____

내용 이해

03 다음 빈칸에 들어갈 내용을 찾아 선으로 이으세요.

1 6·25 전쟁 직후에는 (   ), 설탕, 면직물을 만드는 산업이 발전하였다. •   • ㄱ 항만

2 1960년대에는 제품을 운반하여 수출하기 위한 (   ) 시설이 세워졌다. •   • ㄴ 밀가루

3 1970년대에는 철강 산업을 육성하면서 포항에 (   )을/를 건설하였다. •   • ㄷ 제철소

---

❶ **원료**: 어떤 물건을 만드는 데 들어가는 재료

❷ **경제 개발 5개년 계획**: 경제 발전을 위해 1962년부터 1981년까지 5년씩 나누어 추진한 경제 계획

❸ **경공업**: 부피에 비해 무게가 가벼운 물건을 만드는 공업

❹ **정유**: 석유를 사용 가능한 형태로 만드는 일

❺ **항만**: 배가 안전하게 드나들 수 있도록 바닷가에 부두 등의 시설이 설치된 곳

❻ **조선**: 배를 설계하여 만듦.

❼ **중화학 공업**: 철, 배 등 비교적 무거운 제품이나 플라스틱, 고무 등 화학 제품을 생산하는 공업을 이르는 말

04 이 글의 내용과 일치하도록 괄호 안의 낱말 중 알맞은 것에 ○표 하세요.

1 1980년대 우리나라에서는 [의류 / 자동차]가 주요 수출품으로 자리 잡았다.

2 1960년대에 정부는 풍부한 [자본 / 노동력]을 바탕으로 한 경공업을 육성하였다.

3 6·25 전쟁 이후 정부는 산업 구조를 [공업 / 농업] 중심으로 바꾸고자 노력하였다.

05 이 글의 내용과 일치하도록 다음 ㄱ, ㄴ에 들어갈 알맞은 말을 쓰세요.

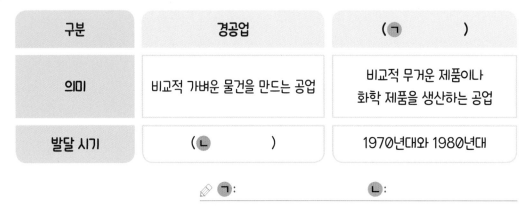

구분	경공업	(ㄱ)
의미	비교적 가벼운 물건을 만드는 공업	비교적 무거운 제품이나 화학 제품을 생산하는 공업
발달 시기	(ㄴ)	1970년대와 1980년대

🖉 ㄱ: ㄴ:

06 이 글을 읽고 다음과 같이 산업을 분류한 까닭은 무엇인지 쓰세요.

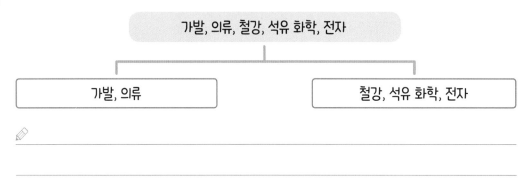

가발, 의류, 철강, 석유 화학, 전자

가발, 의류   철강, 석유 화학, 전자

🖉

07 ㉠ 이후에 변화한 우리나라의 경제 모습을 추론한 것으로 알맞지 <u>않은</u> 것은 무엇인가요? [🖉   ]

① 수출액이 크게 증가하였을 것이다.

② 사람들의 생활 수준이 높아졌을 것이다.

③ 산업 구조가 중화학 공업 중심으로 바뀌었을 것이다.

④ 많은 노동력이 필요한 제품을 주로 수출하게 되었을 것이다.

⑤ 중화학 공업 제품의 생산 비중이 경공업을 넘어섰을 것이다.

어휘를 익혀요

01 다음 낱말의 뜻을 찾아 선으로 이으세요.

1 원료 •

2 정유 •

3 조선 •

• ㄱ 배를 설계하여 만듦.

• ㄴ 어떤 물건을 만드는 데 들어가는 재료

• ㄷ 석유를 사용 가능한 형태로 만드는 일

02 다음 문장의 빈칸에 들어갈 낱말을 **보기**에서 찾아 쓰세요.

보기

기초   복구   운반

1 공민왕은 고려 왕실의 호칭과 관청의 옛 제도를 (   )하여 자주성을 회복하려 하였다.

2 오늘날 우리나라 행정 구역은 조선 시대에서 정한 행정 구역을 (   )(으)로 정해졌다.

3 조선 수군은 바다를 지켜 냄으로써 바다로 무기와 식량을 (   )하려던 일본군의 계획을 막을 수 있었다.

03 다음 중 두 낱말의 관계가 제시한 낱말의 관계와 같은 것은 무엇인가요? [   ]

수출 - 수입

① 돈 - 자본   ② 도로 - 길   ③ 건설 - 파괴

④ 육성 - 양성   ⑤ 진행 - 추진

18 1990년대 이후 경제 성장과 사회 변화

글을 읽으면서 중요하다고 생각하는 낱말에 색칠해 보세요.

가 1990년대에는 전기, 전자 산업이 발달하였어요. 컴퓨터와 가전제품의 생산이 늘어나면서 핵심 부품인 **¹**반도체의 중요성도 커졌지요. 우리나라 기업들은 1970년대부터 반도체를 연구하여 1990년대에는 세계적으로 인정받는 반도체를 생산하였어요. 1990년대 후반에는 전국에 초고속 정보 통신망이 설치되었어요. 이에 따라 인터넷 관련 기업들이 늘어나고, 정보 통신 기술과 관련된 산업도 함께 발전하였지요.

나 2000년대 이후부터는 첨단 산업이 발달하였어요. 첨단 산업은 높은 기술력이 필요하며, 경제적 가치가 매우 큰 산업이에요. 대표적으로 생물이 지닌 고유한 기능을 산업에 이용하는 생명 공학 기술 산업, 항공기나 미사일, 로켓 등을 만드는 항공 우주 산업, 새로운 특성의 물질을 개발하는 신소재 산업, 로봇을 개발하거나 활용하는 로봇 산업 등이 있어요. 이와 함께 관광 산업, **²**금융 산업, 문화 예술 산업, 의료 서비스 산업 등 서비스 산업도 발달하였어요.

다 우리나라의 경제는 짧은 시간 동안 빠르게 성장하였어요. 경제 성장으로 생산 능력과 **³**소득 규모가 커졌지요. 경제가 성장함에 따라 사회 모습도 크게 변화하였어요. 특히 교통, 통신 등의 분야에서 큰 변화가 있었어요. 도로와 철도 교통이 발달하면서 전국이 하나의 **⁴**생활권으로 연결되었고, 통신 기술이 발달하면서 많은 사람이 휴대 전화와 인터넷을 사용하게 되었지요.

라 경제 성장으로 우리나라의 **⁵**위상이 높아지며 다른 나라와 교류하는 모습도 바뀌었어요. 가계 소득이 늘어나면서 해외로 여행을 떠나는 사람이 많아졌고, 우리나라로 여행을 오는 외국인 관광객도 늘어났어요. 그리고 대중문화가 발달하면서 우리나라의 우수한 문화 상품이 제작되어 해외로 퍼져 나갔지요. 그 결과 우리나라의 대중가요, 영화, 드라마 등이 전 세계인이 즐기는 **⁶**한류 문화로 자리 잡았어요. 또한 우리나라는 세계인이 모이는 다양한 국제 행사를 성공적으로 개최하였답니다.

중심 낱말 찾기

01 각 문단의 중심 낱말을 찾아 쓰세요.

가 문단: 1990년대 전기·전자 산업과 정보 ☐☐ 산업의 발달

나 문단: 2000년대 이후 첨단 산업과 ☐☐ 산업의 발달

다 문단: ☐☐ 성장에 따른 사회 모습의 변화

라 문단: 경제 성장에 따른 국제 ☐☐ 의 변화

내용 이해

02 다음과 같은 경제 성장이 나타나기 시작한 시기는 언제인가요? [   ]

• 세계적으로 인정받는 반도체를 생산하였다.
• 전국에 걸쳐 초고속 정보 통신망을 만들어 정보 통신 산업이 발전하였다.

① 1950년대   ② 1960년대   ③ 1970년대
④ 1980년대   ⑤ 1990년대

내용 이해

03 다음에서 설명하는 산업은 무엇인지 이 글에서 찾아 쓰세요.

2000년대 이후에 발달한 산업으로 높은 기술력이 필요하며, 경제적 가치가 매우 큰 산업이다. 대표적으로 생명 공학 기술 산업, 항공 우주 산업, 신소재 산업, 로봇 산업 등이 있다.

---

❶ **반도체**: 컴퓨터, 전자 제품, 통신 기기 등의 회로에 쓰이는 재료

❷ **금융 산업**: 금전을 융통하는 일과 관련된 여러 가지 사업

❸ **소득**: 일정 기간 동안 일하거나 자신의 재산을 운영하여 얻는 수입

❹ **생활권**: 통학, 통근 등 사람들이 일상생활을 할 때 활동하는 범위

❺ **위상**: 어떤 사물이 다른 사물과의 관계 속에서 가지는 위치나 상태

❻ **한류**: 우리나라의 대중문화 요소가 외국에서 유행하는 현상

04 다음 밑줄 친 '서비스 산업'에 해당하는 산업은 무엇인가요? [ ]

> 2000년대 이후 사람들에게 즐거움이나 편리함을 주는 다양한 <u>서비스 산업</u>이 발달하고 있다.

①
△ 의류 산업

②
△ 철강 산업

③
△ 자동차 산업

④
△ 문화 예술 산업

05 이 글의 내용과 일치하지 <u>않는</u> 것은 무엇인가요? [ ]

① 교통의 발달로 전국이 하나의 생활권으로 연결되었다.
② 우리나라는 1970년대부터 반도체를 연구하기 시작하였다.
③ 우리나라는 경제가 성장하면서 생산 능력과 소득 규모가 작아졌다.
④ 생물이 지닌 고유한 기능을 산업에 이용한 것은 생명 공학 기술 산업이다.
⑤ 우리나라는 세계인이 모이는 다양한 국제 행사를 성공적으로 개최하였다.

06 경제 성장으로 달라진 오늘날 사람들의 모습을 바르게 말한 어린이는 누구인지 쓰세요.

소영	외국인들이 한국의 가수와 대중가요에 열광하기도 해.
재석	휴대 전화와 인터넷을 사용하는 사람들이 점점 줄어들고 있어.
현우	가계 소득이 줄면서 해외로 여행을 떠나는 사람을 보기 어려워졌어.

어휘를 익혀요

01 다음 뜻을 나타내는 낱말에 ◯표 하세요.

1 어떤 사물이 다른 사물과의 관계 속에서 가지는 위치나 상태 [위상 / 향상]

2 일정 기간 동안 일하거나 자신의 재산을 운영하여 얻는 수입 [소득 / 소비]

3 통학, 통근 등 사람들이 일상생활을 할 때 활동하는 범위 [생활권 / 생활력]

02 다음 문장의 빈칸에 들어갈 낱말을 **보기**에서 찾아 쓰세요.

> **보기**
>
> 가치   연결   편리

1 신라는 한강을 차지함으로써 고구려와 백제의 (   )을/를 차단하였다.

2 교통수단과 교통로가 발달하면서 좀 더 빠르고 (   )하게 이동할 수 있다.

3 조선왕조실록은 그 (   )을/를 인정받아 1997년에 유네스코 세계 기록 유산으로 등재되었다.

03 다음 글의 밑줄 친 '퍼지다'와 같은 뜻으로 사용된 문장을 **보기**에서 찾아 기호를 쓰세요.

> 신라 말에 널리 퍼진 풍수지리설은 미래의 운명을 예언하는 도참사상과 결합하여 더욱 성행하였다.

> **보기**
>
> ㉠ 오래 끓인 라면이 푹 퍼져서 탱탱 불었다.
> ㉡ 사람들은 목적지에 도착하자 지쳐서 푹 퍼졌다.
> ㉢ 대구에서 국채 보상 운동이 일어나 전국으로 퍼져 나갔다.

19 독도 문제

글을 읽으면서 중요하다고 생각하는 낱말에 색칠해 보세요.

가 독도는 우리나라 동쪽 끝에 있는 섬이며 [1]행정 구역으로는 경상북도 울릉군에 속해요. 동도와 서도, 89개의 크고 작은 바위섬으로 이루어져 있지요. 독도는 화산 폭발로 솟은 용암이 굳어져 만들어진 화산섬으로 독특한 지형들이 많아요. 독도에는 다양한 동식물이 [2]서식하고 있으며, [3]수산 자원이 풍부해요. 우리나라는 독도를 [4]천연기념물 제336호로 지정하여 보호하고 있어요.

나 독도는 예부터 우리나라의 고유한 영토예요. 이는 다양한 역사 자료에서 확인할 수 있어요. 『세종실록지리지』(1454년)에는 독도가 조선의 영토라는 사실과 울릉도에서 독도를 직접 눈으로 볼 수 있다는 지리적 특징이 기록되어 있어요. 『신증동국여지승람』에 수록된 지도인 「팔도총도」(1531년)에는 우산도(독도의 옛 이름)가 조선의 영토에 포함되어 있지요. 대한 제국 [5]칙령 제41호(1900년)에서는 석도(독도의 옛 이름)를 울릉군의 [6]관할 구역으로 포함한다는 것을 명확히 하였어요.

다 일본은 독도가 자기 나라의 땅이라는 억지 주장을 하고 있어요. 그러나 일본의 옛 기록에도 독도가 우리나라의 영토라는 사실이 명백히 나타나 있지요. 당시 일본의 최고 행정 기관인 태정관에서는 태정관 지령(1877년)을 통해 울릉도와 독도가 일본의 영토와 관계가 없다는 것을 명심하라는 지시를 내렸어요. 독도가 우리나라의 영토라는 사실은 국제적으로도 인정받았어요. 연합국 최고 사령관 각서 제677호(1946년)에는 일본의 행정 범위에서 울릉도와 독도를 제외한다는 내용이 있어요.

라 우리나라는 옛날부터 독도를 지키려고 많은 노력을 하였어요. 어부 안용복은 일본으로부터 독도가 우리나라 땅임을 확인받았고, 울도군(울릉군) 군수 심흥택은 일본이 독도를 일본 영토로 만들려는 것을 알고 이를 정부에 보고 하였어요. 오늘날에도 정부나 민간단체, 개인이 우리나라의 소중한 영토인 독도를 지키고자 다양하게 활동하고 있어요.

중심 낱말 찾기

01 다음 빈칸에 공통으로 들어갈 낱말을 쓰세요.

- ☐☐ 은/는 동도와 서도, 그리고 주변의 크고 작은 바위섬 89개로 이루어져 있다.
- ☐☐ 은/는 예부터 우리나라의 고유한 영토로, 국제적으로도 우리나라 영토임을 인정받았다.

✎ _____

내용 이해

02 독도에 대한 설명으로 알맞지 <u>않은</u> 것은 무엇인가요? [✎]

① 경상북도 울릉군에 속한다.

② 다양한 동식물이 살고 있다.

③ 우리나라 서쪽 끝에 있는 섬이다.

④ 천연기념물 제336호로 지정되었다.

⑤ 화산 폭발로 솟은 용암이 굳어져 만들어진 화산섬이다.

내용 이해

03 독도가 기록된 역사 자료로 알맞지 <u>않은</u> 것은 무엇인가요? [✎]

① 태정관 지령

② 조선사연구초

③ 세종실록지리지

④ 대한 제국 칙령 제41호

⑤ 연합국 최고 사령관 각서 제677호

---

❶ **행정 구역**: 행정 기관의 권한이 미치는 범위의 일정한 구역. 특별시, 광역시, 도, 군, 읍, 면 따위

❷ **서식**: 생물 등이 일정한 곳에 자리를 잡고 삶.

❸ **수산**: 바다나 강 따위의 물에서 남. 또는 그런 산물

❹ **천연기념물**: 가치가 높아 나라에서 보호하려고 정해 놓은 자연환경

❺ **칙령**: 임금이 내린 명령

❻ **관할**: 일정한 권한을 가지고 통제하거나 지배함. 또는 그런 지배가 미치는 범위

04 다음에서 설명하는 인물을 이 글에서 찾아 쓰세요.

❶ 일본으로부터 독도가 우리나라 땅임을 확인받았다. (   )

❷ 일본이 독도를 일본 영토로 만들려는 것을 알고 이를 정부에 보고하였다. (   )

05 각 문단의 중심 내용을 선으로 이으세요.

❶ 가 문단 •   • ㉠ 독도를 지키려는 노력

❷ 나 문단 •   • ㉡ 독도의 위치와 자연환경

❸ 다 문단 •   • ㉢ 독도에 관한 다른 나라의 옛 기록

❹ 라 문단 •   • ㉣ 독도에 관한 우리나라의 옛 기록과 옛 지도

06 다음 빈칸에 들어갈 내용으로 알맞지 않은 것을 보기에서 골라 기호를 쓰세요.

• 독도는 일본이 자기 나라의 땅이라고 주장하고 있으므로 일본의 영토로 보아야 합니다.
• 아닙니다. _____ 옛날부터 독도를 한국의 영토로 인식하였다는 것을 확인할 수 있습니다. 따라서 독도는 한국의 고유한 영토입니다.

보기
㉠ 팔도총도에 독도가 조선의 영토에 포함되어 있는 것을 통해
㉡ 세종실록지리지에 독도가 조선의 영토라는 사실이 기록되어 있는 것을 통해
㉢ 태정관 지령에 울릉도와 독도가 일본 영토와 관계없다는 것을 명심하라는 지시가 있는 것을 통해
㉣ 연합국 최고 사령관 각서 제677호에 한국의 행정 범위에서 울릉도와 독도를 제외한다는 내용이 있는 것을 통해

어휘를 익혀요

01 다음 낱말의 뜻을 찾아 선으로 이으세요.

1 서식 •

2 칙령 •

3 수산 •

• ㉠ 임금이 내린 명령

• ㉡ 생물 등이 일정한 곳에 자리를 잡고 삶.

• ㉢ 바다나 강 따위의 물에서 남. 또는 그런 산물

02 다음 밑줄 친 낱말의 뜻을 보기에서 찾아 기호를 쓰세요.

보기

㉠ 책이나 잡지에 실음.
㉡ 일정한 권한을 가지고 통제하거나 지배함.
㉢ 하급자가 상급자에게 일에 관한 내용이나 결과를 말이나 글로 알림.

1 일연이 쓴 삼국유사에는 고조선을 세운 단군의 건국 이야기가 <u>수록</u>되었다. (   )

2 발해는 왕 아래 정당성, 선조성, 중대성을 두고 정당성 아래 6부를 둘로 나누어 <u>관할</u>하게 하였다. (   )

3 조선 시대 암행어사는 수령의 비리와 백성의 어려움을 찾아보고 돌아와 왕에게 사실대로 <u>보고</u>하였다. (   )

03 다음 중 두 낱말의 관계가 제시한 낱말의 관계와 같은 것은 무엇인가요? [   ]

우산도 - 독도

① 정부 - 개인   ② 한국 - 일본   ③ 한양 - 서울
④ 안용복 - 심흥택   ⑤ 신증동국여지승람 - 팔도총도

20 남북통일을 위한 노력

글을 읽으면서 중요하다고 생각하는 낱말에 색칠해 보세요.

가 우리나라는 광복 이후 남과 북에 서로 다른 정부가 세워지면서 남한과 북한으로 분단되었고, 6·25 전쟁을 겪으면서 분단이 굳어졌어요. 오랜 시간 분단이 지속되면서 남한과 북한에서는 언제 전쟁이 일어날지 모른다는 불안감이 계속되고 있고, 해마다 막대한 ^❶국방비를 지출하고 있어요. 또한 이산가족들이 슬픔을 겪고 있으며, 남한과 북한에서 사용하는 언어, 문화와 생활 모습이 서로 달라지고 있어요.

나 남북통일을 이룬다면, 전쟁의 불안감이 사라진 평화로운 나라를 만들 수 있어요. 국방비를 줄여 다른 분야에 사용할 수 있고, 남북한의 자원을 ^❷효율적으로 이용하여 경제적으로 성장할 수 있어요. 또한 이산가족 문제를 해결하고, 남한과 북한의 문화적 차이로 나타나는 문제를 극복할 수 있어요. 한반도의 위치적 장점을 활용한다면 세계 여러 나라와 더욱 활발하게 교류할 수도 있어요.

다 남한과 북한은 통일을 위해 정치, 경제, 사회·문화 분야에서 교류하고 ^❸협력해 왔어요. 정치 분야에서는 1991년에 남한과 북한의 대표단이 만나 평화를 위한 남북 화해와 교류 및 협력 등의 내용이 담긴 남북 기본 합의서를 ^❹채택하였어요. 이후 2000년, 2007년, 2018년에는 남한과 북한의 ^❺정상이 만나 한반도의 평화와 발전을 이루고자 함께 노력하기로 하였어요.

라 경제 분야에서는 2005년에 남북이 합의하여 개성 공단을 만들고 이곳에서 남한의 자본과 기술에 북한의 노동력을 결합하여 물건을 제작하였어요. 또한 남북 간 끊어진 도로와 철도를 연결하여 교류와 협력을 늘리고자 노력하였어요.

마 남한과 북한은 사회·문화 분야에서도 교류하였어요. 1985년 이산가족의 고향 방문을 시작으로, 여러 차례 이산가족 ^❻상봉이 이루어졌어요. 또한 남한과 북한의 예술가들이 함께 공연하기도 하고, 2018년 평창 동계 올림픽 대회에서는 남한과 북한 선수들이 한반도기를 들고 함께 입장하며 평화의 의미를 세계에 전하였지요.

중심 낱말 찾기

01 각 문단의 중심 낱말을 찾아 쓰세요.

가 문단: 남북 ☐☐ 으로 겪는 어려움

나 문단: 남북 ☐☐ 을 이루면 좋은 점

다 문단: 남북통일을 위한 ☐☐ 적 노력

라 문단: 남북통일을 위한 ☐☐ 적 노력

마 문단: 남북통일을 위한 사회·☐☐ 적 노력

내용 이해

02 남북 분단으로 겪는 어려움으로 알맞은 것을 **보기**에서 모두 골라 기호를 쓰세요.

보기

㉠ 이산가족의 아픔   ㉡ 막대한 국방비 지출

㉢ 농촌의 일손 부족 현상 심화   ㉣ 전쟁 발생에 대한 불안감 지속

내용 이해

03 다음 내용이 맞으면 ○, 틀리면 ✕에 표시하세요.

❶ 오랜 시간 분단이 지속되면서 남한과 북한에서 사용하는 언어, 문화, 생활 모습이 점점 같아지고 있다. [○ / ✕]

❷ 남북 기본 합의서는 1991년에 남북 사이에 채택된 문서로 남북 화해와 교류 및 협력 등의 내용이 담겨 있다. [○ / ✕]

---

❶ **국방비**: 외국의 침략에 대비 태세를 갖추고 국토를 방위하는 데에 쓰는 비용

❷ **효율적**: 들인 노력에 비하여 얻는 결과가 큰 것

❸ **협력**: 힘을 합하여 서로 도움.

❹ **채택**: 작품, 의견, 제도 등을 골라서 다루거나 뽑아 씀.

❺ **정상**: 국가의 최고 우두머리

❻ **상봉**: 서로 만남.

04 다음 질문에 <u>잘못</u> 답한 어린이는 누구인지 쓰세요.

> 남북통일이 되면 어떤 점이 좋을까요?

나은 이산가족 문제를 해결할 수 있을 거예요.

동현 세계 여러 나라와 교류하는 것이 어려워질 거예요.

수지 국방비를 줄여 다른 분야에 사용할 수 있을 거예요.

✎ _____

05 남북통일을 위한 각 분야의 노력을 선으로 이으세요.

1 정치 분야 •

2 경제 분야 •

3 사회·문화 분야 •

• ㄱ 개성 공단 운영

• ㄴ 남북 정상 회담 개최

• ㄷ 남북 예술가 합동 공연

06 이 글을 읽고 다음 자료를 바르게 해석한 어린이는 누구인지 쓰세요.

금강산 관광은 1998년에 시작해 2008년 이후 중단되었으나 2018년, 남과 북의 조건이 갖춰지면 금강산 관광 사업을 정상화하기로 합의하였다.

선미 남북한은 통일을 이루기 위한 노력을 계속하고 있어.

진호 남북한은 갈등과 위기를 겪으며 통일의 필요성을 느끼지 못하고 있어.

✎ _____

어휘를 익혀요

01 다음 뜻을 나타내는 낱말을 쓰세요.

❶ 서로 만남. ☐ ☐

❷ 힘을 합하여 서로 도움. ☐ ☐

❸ 외국의 침략에 대비 태세를 갖추고 국토를 방위하는 데에 쓰는 비용 ☐ ☐ ☐

02 다음 문장의 빈칸에 들어갈 낱말을 보기에서 찾아 쓰세요.

> **보기**
>
> 정상   결합   채택   자원

❶ 물은 산소와 수소의 (   )으로 이루어진다.

❷ 김대중 정부는 분단 이후 처음으로 남북 (   ) 회담을 개최하였다.

❸ 극지방에서는 석유와 천연가스 등 (   ) 개발이 활발하게 이루어지고 있다.

❹ 세계 인권 선언을 (   )한 12월 10일을 세계 인권의 날로 정해 기념하고 있다.

03 다음 글에서 밑줄 친 낱말과 바꾸어 쓸 수 있는 낱말은 무엇인가요? [✎   ]

> • 그는 열심히 일하여 <u>막대한</u> 재산을 모았다.
> • 일주일째 수돗물이 나오지 않아 영업에 <u>막대한</u> 지장을 받고 있다.

① 귀한   ② 많은   ③ 적은   ④ 특별한   ⑤ 하찮은

실력 확인

01 다음 밑줄 친 '이 단체'를 쓰세요.

> <u>이 단체</u>는 1896년 서재필 등이 조직한 것으로 독립문 건설, 만민 공동회 개최 등의 활동을 하였다.

✎ _____

02 다음 활동을 한 인물은 누구인가요?
[✎   ]

> 1909년 중국의 하얼빈역에서 이토 히로부미를 저격하였다.

① 민영환   ② 신돌석
③ 안중근   ④ 안창호

03 다음 중 검색 결과로 알맞지 <u>않은</u> 것은 무엇인가요?
[✎   ]

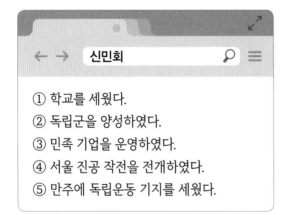

신민회

① 학교를 세웠다.
② 독립군을 양성하였다.
③ 민족 기업을 운영하였다.
④ 서울 진공 작전을 전개하였다.
⑤ 만주에 독립운동 기지를 세웠다.

04 1910년대 일제의 식민 통치 내용으로 알맞지 <u>않은</u> 것은 무엇인가요?
[✎   ]

① 태형 실시
② 신사 참배 강요
③ 조선 총독부 설치
④ 토지 조사 사업 시행

05 다음에서 설명하는 민족 운동을 쓰세요.

> 1919년 3월 1일에 민족 대표들이 독립을 선언하고, 학생과 시민이 만세 시위를 벌였다.

✎ _____

06 대한민국 임시 정부에 대한 설명으로 알맞은 것을 보기 에서 고른 것은 무엇인가요?
[✎   ]

> **보기**
> ㉠ 대통령 중심제를 채택하였다.
> ㉡ 대통령에 이승만을 선출하였다.
> ㉢ 사회주의 정치 체제를 갖추었다.
> ㉣ 삼권 분립의 원칙에 따라 구성하였다.

① ㉠, ㉡   ② ㉠, ㉡, ㉣
③ ㉡, ㉢, ㉣   ④ ㉠, ㉡, ㉢, ㉣

07 다음에서 설명하는 단체는 무엇인가요?
[✎   ]

> 대한민국 임시 정부가 1940년에 창설한 군대로 태평양 전쟁에 참여하고, 미군과 함께 국내로 들어가 전투를 벌일 계획을 세웠다.

① 대한 독립군   ② 한국 광복군
③ 한인 애국단   ④ 북로 군정서

08 다음 보기 에서 신채호가 쓴 책을 모두 골라 기호를 쓰세요.

> **보기**
> ㉠ 광야   ㉡ 을지문덕전
> ㉢ 조선사연구초   ㉣ 우리말 큰사전

✎ _____

09 ㄱ, ㄴ에 들어갈 내용을 알맞게 연결한 것은 무엇인가요? [✎]

> 1945년 8월 15일, 우리나라는 (ㄱ)을 맞이하였다. 이후 38도선을 기준으로 북쪽과 남쪽에 소련과 (ㄴ)이 각각 군대를 머물게 하여 한반도에서 영향력을 넓혀 가려고 하였다.

	ㄱ	ㄴ
①	광복	미국
②	광복	중국
③	분단	미국
④	분단	중국

10 (가)에 들어갈 퀴즈의 정답을 쓰세요.

1948년 5·10 총선거에서 뽑힌 국회 의원으로 구성된 국회는 뭘까?

한국사 스피드 퀴즈

(가)

[✎]

11 6·25 전쟁에 대한 설명으로 알맞지 않은 것은 무엇인가요? [✎]

① 국제 연합군이 참여하였다.
② 국군이 북한을 침략한 전쟁이다.
③ 정전 협정이 체결되면서 마무리되었다.
④ 많은 이산가족이 생기는 결과를 낳았다.
⑤ 군인뿐만 아니라 많은 민간인이 죽게 되었다.

12 다음 설명과 관련된 민주주의 운동을 쓰세요.

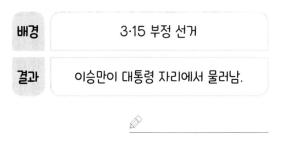

배경	3·15 부정 선거
결과	이승만이 대통령 자리에서 물러남.

[✎]

13 유신 헌법에 대해 바르게 말한 어린이는 누구인가요? [✎]

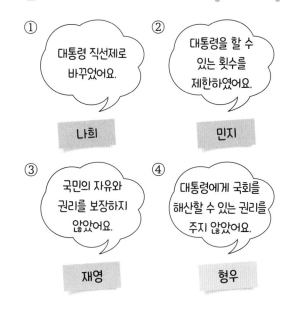

① 대통령 직선제로 바꾸었어요. 나희
② 대통령을 할 수 있는 횟수를 제한하였어요. 민지
③ 국민의 자유와 권리를 보장하지 않았어요. 재영
④ 대통령에게 국회를 해산할 수 있는 권리를 주지 않았어요. 형우

14 다음 민주주의 운동이 일어난 순서대로 바르게 나열한 것은 무엇인가요? [✎]

> (가) 4·19 혁명
> (나) 6월 민주 항쟁
> (다) 5·18 민주화 운동

① (가) - (나) - (다) ② (가) - (다) - (나)
③ (나) - (가) - (다) ④ (다) - (나) - (가)

15 다음 밑줄 친 '6·29 민주화 선언'의 내용으로 알맞지 <u>않은</u> 것은 무엇인가요? [✎　　]

> 전두환 정부에 맞서 학생과 시민이 벌인 6월 민주 항쟁의 결과 <u>6·29 민주화 선언</u>이 발표되었다.

① 언론의 자유를 보장하겠다.
② 지방 자치제를 시행하겠다.
③ 인간의 존엄성을 보장하겠다.
④ 대통령 간선제를 시행하겠다.

16 다음에서 설명하는 제도는 무엇인가요? [✎　　]

> 지역 주민이 직접 뽑은 지방 의회 의원과 지방 자치 단체장이 그 지역의 일을 처리한다.

① 공청회
② 캠페인
③ 지방 자치제
④ 대통령 직선제

17 우리나라의 경제 성장에 대한 설명으로 알맞은 것을 보기에서 고른 것은 무엇인가요? [✎　　]

> **보기**
> ㉠ 1990년대에 반도체를 생산하였다.
> ㉡ 1960년대에는 첨단 산업이 발달하였다.
> ㉢ 1980년대에 기계, 전자 산업이 발전하였다.
> ㉣ 1970년대에는 산업 구조가 중화학 공업 중심으로 바뀌었다.

① ㉠, ㉡
② ㉡, ㉣
③ ㉠, ㉢, ㉣
④ ㉡, ㉢, ㉣

18 다음 글의 주제로 알맞은 것은 무엇인가요? [✎　　]

> 가계 소득이 늘어나면서 해외로 여행을 떠나는 사람이 많아졌고, 우리나라로 여행을 오는 외국인 관광객도 늘어났다. 한편, 우리나라는 세계인이 모이는 다양한 국제 행사를 개최하였다.

① 남북통일을 위한 노력
② 민주주의 운동의 전개
③ 오늘날 사회 공동의 문제
④ 경제 성장으로 인한 사회 변화

19 다음 대화의 밑줄 친 '이 지역'은 어디인지 쓰세요.

이 지역은 동도와 서도, 89개의 작은 섬으로 이루어져 있어.

예부터 우리나라의 고유한 영토이지!

[✎＿＿＿＿＿＿＿＿]

20 남북통일을 위한 노력으로 알맞지 <u>않은</u> 것은 무엇인가요? [✎　　]

① 개성 공단을 운영하였다.
② 남북 정상 회담을 열었다.
③ 막대한 국방비를 지출하였다.
④ 남북 예술단 합동 공연을 하였다.
⑤ 여러 차례 이산가족 상봉을 추진하였다.

정답

완자

공부력 가이드

완자 공부력 시리즈는
앞으로도 계속 출간될 예정입니다.

국어
맞춤법
바로 쓰기
1~2학년용
4책

쓰기력

전과목
어휘
1~6학년용
12책

전과목
한자
어휘
1~6학년용
12책

영어
파닉스
1~2학년용
2책

영어
영단어
3~6학년용
8책

어휘력

국어
독해
1~6학년용
12책

한국사
독해
인물편
3~6학년용
4책

한국사
독해
시대편
3~6학년용
4책

독해력

수학
계산
1~6학년용
12책

계산력

완자 공부력 시리즈로 공부 근육을 키워요!

매일 성장하는
초등 자기개발서
ⓦ 완자
공부력

학습의 기초가 되는 읽기, 쓰기, 셈하기와 관련된
공부력을 키워야 여러 교과를 터득하기 쉬워집니다.
또한 어휘력과 독해력, 쓰기력, 계산력을 바탕으로 한
'공부력'은 자기주도 학습으로 상당한 단계까지 올라갈 수
있는 밑바탕이 되어 줍니다. 그래서 매일 꾸준한 학습이
가능한 '**완자 공부력 시리즈**'로 공부하면 자기주도학습이
가능한 **튼튼한 공부 근육**을 키울 수 있을 것이라 확신합니다.

효과적인 공부력 강화 계획을 세워요!

● 학년별 공부 계획
내 학년에 맞게 꾸준하게 공부 계획을 세워요!

		1-2학년	3-4학년	5-6학년
기본	독해	국어 독해 1A 1B 2A 2B	국어 독해 3A 3B 4A 4B	국어 독해 5A 5B 6A 6B
	계산	수학 계산 1A 1B 2A 2B	수학 계산 3A 3B 4A 4B	수학 계산 5A 5B 6A 6B
	어휘	전과목 어휘 1A 1B 2A 2B	전과목 어휘 3A 3B 4A 4B	전과목 어휘 5A 5B 6A 6B
		파닉스 1 2	영단어 3A 3B 4A 4B	영단어 5A 5B 6A 6B
확장	어휘	전과목 한자 어휘 1A 1B 2A 2B	전과목 한자 어휘 3A 3B 4A 4B	전과목 한자 어휘 5A 5B 6A 6B
	쓰기	맞춤법 바로 쓰기 1A 1B 2A 2B		
	독해		한국사 독해 인물편 1 2 3 4	
			한국사 독해 시대편 1 2 3 4	

○ 시기별 공부 계획

학기 중에는 **기본**, 방학 중에는 **기본 + 확장**으로 공부 계획을 세워요!

방학 중			
학기 중			
기본			확장
독해	계산	어휘	어휘, 쓰기, 독해
국어 독해	수학 계산	전과목 어휘	전과목 한자 어휘
		파닉스(1~2학년) 영단어(3~6학년)	맞춤법 바로 쓰기(1~2학년) 한국사 독해(3~6학년)

예시 **초1 학기 중 공부 계획표** 주 5일 하루 3과목 (45분)

월	화	수	목	금
국어 독해	국어 독해	국어 독해	국어 독해	국어 독해
수학 계산	수학 계산	수학 계산	수학 계산	수학 계산
전과목 어휘	파닉스	전과목 어휘	전과목 어휘	파닉스

예시 **초4 방학 중 공부 계획표** 주 5일 하루 4과목 (60분)

월	화	수	목	금
국어 독해	국어 독해	국어 독해	국어 독해	국어 독해
수학 계산	수학 계산	수학 계산	수학 계산	수학 계산
전과목 어휘	영단어	전과목 어휘	전과목 어휘	영단어
한국사 독해 인물편	전과목 한자 어휘	한국사 독해 인물편	전과목 한자 어휘	한국사 독해 인물편

01 독립 협회와 대한 제국의 활동

008쪽
009쪽

글을 읽으면서 중요하다고 생각하는 낱말에 색칠해 보세요.

가 고종이 러시아 공사관으로 몸을 피한 사건인 아관 파천 이후 조선에서는 러시아를 비롯한 외국 세력의 간섭이 심해졌어요. 이 무렵 미국에서 돌아온 서재필은 정부의 지원을 받아 독립신문을 [●]창간하였어요. 서재필은 독립신문을 통해 나라 [●]안팎의 소식을 백성에게 알리고 [●]자주독립을 강조하였지요. 그리고 개화파 관료, 지식인 등과 함께 독립 협회를 만들었어요(1896년).

나 독립 협회는 사람들에게 돈을 모아 청의 사신을 맞이하던 영은문이 있던 자리 부근에 독립문을 세웠어요. 독립 협회는 독립문을 통해 자주독립의 의지를 드러내고자 하였어요. 또한 독립 협회는 [●]만민 공동회를 열어 누구나 사회 문제에 대해 자기의 생각을 표현할 수 있도록 하였어요. 특히 사람들은 만민 공동회에서 외국 세력의 간섭을 적극 비판하였답니다.

다 한편, 고종은 러시아 공사관에 머문 지 1년 만에 경운궁(지금의 덕수궁)으로 돌아왔어요. 그 뒤 [●]환구단에서 황제의 자리에 오르고 나라 이름을 대한 제국으로 바꾸었어요(1897년). 고종은 환구단에서 황제 즉위식을 함으로써 대한 제국이 중국과의 사대 관계를 [●]청산하고, 서양의 여러 나라들과 일본의 간섭에서 벗어난 자주독립 국임을 상징적으로 보여 주려고 하였어요. 또한 대한 제국의 황제가 되어 왕보다 강력한 힘을 가지고 나라를 통치하고자 하였답니다.

라 새로 수립된 대한 제국은 사회 여러 분야를 근대화시키기 위한 개혁을 추진하였어요. 전기, 전차, 병원 등 여러 가지 근대 시설을 마련하고 공장, 은행, 회사 설립을 지원하였지요. 또한 학교를 세우고 외국에 [●]유학생을 보내 기술을 배우게 하였어요. 이러한 개혁들은 대한 제국이 근대화된 국가로 발전하는 데 도움이 되었어요. 그러나 대한 제국은 독립 협회를 해산하는 등 백성의 요구를 제대로 수용하지 않았으며, 대한 제국 시기에도 일본과 러시아의 간섭은 계속되었어요.

중심 낱말 찾기

01 각 문단의 중심 낱말을 찾아 쓰세요.

가 문단: 독 립 신 문 의 창간과 독립 협회의 창립

나 문단: 독 립 협 회 의 활동

다 문단: 고 종 의 대한 제국 수립

라 문단: 대 한 제 국 의 근대 개혁 추진

내용 이해

02 다음에서 설명하는 민중 대회를 이 글에서 찾아 쓰세요.

독립 협회가 주장하고 기획하여 서울 종로 네거리에서 열린 민중 대회를 말한다. 이곳에서 사람들은 사회 문제에 대해 자기 생각을 표현하였고, 특히 외국 세력의 간섭을 적극 비판하였다.

✎ 만민 공동회

내용 이해

03 이 글의 내용과 일치하는 것을 두 가지 고르세요. [✎ ② , ③]

① 전봉준이 독립 협회를 만들었다. → 독립 협회는 서재필이 만들었어요.
② 서재필이 독립신문을 창간하였다.
③ 독립 협회는 만민 공동회를 열었다.
④ 고종은 나라 이름을 고려로 바꾸었다. → 나라 이름을 대한 제국으로 바꾸었어요.
⑤ 고종은 영은문에서 황제의 자리에 올랐다.
└ 환구단에서

● 창간: 정기적으로 인쇄되어 발행되는 신문, 잡지 등의 첫 번째 호를 펴냄.
● 안팎: 사물이나 영역의 안과 밖.
● 자주독립: 나라의 문제를 스스로 처리하여 다른 나라에 의존하지 않는 것.
● 만민: 모든 백성, 또는 모든 사람.
● 환구단: 황제가 하늘에 제사를 지내던 곳.
● 청산: 과거의 부정적 요소를 깨끗이 씻어 버림.
● 유학생: 외국에 머물면서 공부하는 학생.

010쪽
011쪽

내용 이해

04 대한 제국이 추진한 개혁이 맞으면 ○, 틀리면 ×에 표시하세요.

① 독립신문을 창간하였다. [○ ⊗] → 서재필이 독립신문을 창간하였어요.
② 외국에 유학생을 보내 기술을 배우게 하였다. [Ⓞ ×]
③ 전기, 전차, 병원 등 여러 가지 근대 시설을 마련하였다. [Ⓞ ×]

내용 이해

05 다음 사건이 일어난 순서에 맞게 번호를 쓰세요.

1	4	2	3
독립신문이 창간되었다.	대한 제국이 수립되었다.	독립 협회가 설립되었다.	고종이 러시아 공사관에서 경운궁으로 돌아왔다.

내용 이해

06 다음은 **라** 문단의 내용을 정리한 것이에요. ㉠, ㉡에 들어갈 알맞은 말을 쓰세요.

[대한 제국의 개혁] 전기·전차·병원 등 근대 시설 마련, 공장·은행·회사 설립 지원, 학교 설립, 외국에 (㉠) 파견 등 근대 개혁 추진

[의의] 대한 제국이 근대화된 국가로 발전하는 데 도움이 됨.

[한계] (㉡)을/를 해산하는 등 백성의 요구를 제대로 받아들이지 않음.

✎ ㉠ 유학생 ㉡ 독립 협회

내용 추론

07 이 글을 통해 답을 추론할 수 있는 질문으로 알맞지 않은 것은 무엇인가요? [✎ ③]

① 고종이 황제 즉위식을 한 곳은 어디인가요?
② 서재필이 정부의 지원을 받아 창간한 신문은 무엇인가요?
③ 일제가 경복궁에 침입해 명성 황후를 시해한 사건은 무엇인가요?
④ 고종이 경운궁으로 돌아온 뒤 새로 정한 나라 이름은 무엇인가요?
⑤ 독립 협회가 자주독립의 의지를 드러내기 위해 세운 문은 무엇인가요?

도움말 ③ 일제가 경복궁에 침입해 명성 황후를 시해한 사건은 을미사변이에요. 이 글에는 을미사변에 대한 내용이 없어서 답을 추론할 수 없어요.

---

01 다음 낱말의 뜻을 찾아 선으로 이으세요.

① 만민 — ㉮ 모든 백성, 또는 모든 사람
② 창간 — ㉯ 과거의 부정적 요소를 깨끗이 씻어 버림.
③ 청산 — ㉰ 정기적으로 인쇄되어 발행되는 신문, 잡지 등의 첫 번째 호를 펴냄.

02 다음 문장의 빈칸에 들어갈 낱말을 **보기**에서 찾아 쓰세요.

보기: 간섭   유학생   자주독립

① 그는 외국 대학에서 장학금을 받으며 공부하고 있는 (유학생)이다.
② 공정한 재판을 하려면 법원은 외부의 (간섭)이나 영향을 받지 않아야 한다.
③ 3·1 운동은 (자주독립)을 향한 한국인의 열망과 의지를 전 세계에 널리 알린 사건이었다.

03 다음 대화의 빈칸에 공통으로 들어갈 낱말로 알맞은 것은 무엇인가요? [✎ ④]

임금이 될 사람이 예식을 치른 뒤 임금의 자리에 오르는 것을 (즉위)(이)라고 하지?

응. 고종은 환구단에서 황제 (즉위)식을 함으로써 대한 제국이 자주독립국임을 보여 주려고 했어.

① 강등   ② 승진   ③ 양위   ④ 즉위   ⑤ 폐위

02 을사늑약의 체결과 저항

글을 읽으면서 중요하다고 생각하는 낱말에 색칠해 보세요.

가 대한 제국은 서양의 여러 나라들과 외교 활동을 하여 대한 제국이 다른 나라의 간섭을 받지 않고 나라의 문제를 스스로 결정하고 처리할 수 있는 권리를 지키기 위해 노력하였어요. 하지만 일본과 러시아가 만주와 한반도의 지배권을 놓고 전쟁을 벌였고(러일 전쟁), 이 전쟁에서 승리한 일본은 점점 더 대한 제국에 간섭하였지요. 이러한 상황에서 일본은 이토 히로부미를 보내 대한 제국의 ^①외교권을 빼앗는 조약을 강제로 체결하였는데, 이를 을사 ^②늑약이라고 해요(1905년).

나 을사늑약의 소식이 알려지자 전국에서 이에 반대하는 운동이 일어났어요. 명성 황후의 먼 친척으로 대한 제국의 관리였던 민영환은 을사늑약이 체결되었다는 소식을 듣자 이천만 동포에게 알린다는 내용의 유서를 남기고 스스로 목숨을 끊었어요. 또한 당시 민족의식을 높이고자 노력하였던 언론 기관인 황성신문은 을사늑약의 부당함을 규탄하는 글을 실었어요.

다 고종은 일제가 대한 제국의 대신들을 위협하여 을사늑약을 체결하였고, 을사늑약 조약문에 자신이 서명하지 않았기 때문에 을사늑약이 ^③무효임을 선언하였어요. 그리고 1907년 네덜란드 헤이그에서 열리는 국제회의에 세 명의 ^④특사를 보내 을사늑약이 무효임을 국제 사회에 알리고자 하였지요. 그러나 이러한 노력은 일본의 방해로 성과를 거두지 못하였어요. 오히려 일제는 이를 구실로 삼아 고종을 황제 자리에서 강제로 물러나게 하였답니다. 그리고 대한 제국의 군대도 해산하였어요.

라 한편, 안중근은 을사늑약 체결 이후 연해주에서 의병 운동을 펼쳤어요. 그는 우리나라 침략에 앞장선 이토 히로부미가 만주에 온다는 소식을 듣고, 중국의 하얼빈 역에서 이토 히로부미를 ^⑤저격하였어요(1909년). 안중근은 그 자리에서 붙잡혔고, 이후 뤼순 감옥에 갇혀 재판을 받았어요. 재판에서 안중근은 일본의 ^⑥만행을 밝히며 민족의 독립 의지를 널리 알렸어요. 그러나 안중근은 결국 사형을 ^⑦선고받았어요.

중심 낱말 찾기

01 다음에서 설명하는 조약을 이 글에서 찾아 쓰세요.

> 러일 전쟁에서 승리한 일본이 이토 히로부미를 대한 제국에 보내 1905년 강제로 체결한 조약이다. 일본에 대한 제국의 외교권을 넘긴다는 내용이 담겨 있다.

✎ **을사늑약**

내용 이해

02 이 글의 내용과 일치하도록 괄호 안의 낱말 중 알맞은 것에 ○표 하세요.

① 일본은 1905년 대한 제국의 [경찰권 /(외교권)]을 빼앗는 조약을 강제로 체결하였다.

② [민영환 /(안중근)]은 중국의 하얼빈역에서 우리나라 침략에 앞장선 이토 히로부미를 저격하였다.

③ 일제는 네덜란드에서 열리는 국제회의에 특사를 보낸 것을 구실로 [(고종)/ 순종]을 강제로 황제 자리에서 물러나게 하였다.

내용 이해

03 이 글의 내용과 일치하는 것은 무엇인가요? [✎ ④]

① 일본은 러일 전쟁에서 패배하였다. → 승리

② 고종은 을사늑약의 조약문에 서명하였다. → 서명하지 않았어요.

③ 황성신문은 을사늑약이 정당하다는 글을 실었다. → 부당하다는 글을 실었어요.

④ 민영환은 을사늑약 체결 소식을 듣자 스스로 목숨을 끊었다.

⑤ 이토 히로부미는 을사늑약이 무효임을 국제 사회에 알리고자 하였다.
└ 고종

---

① **외교권**: 주권 국가로서 외국과 외교를 할 수 있는 권리
② **늑약**: 강제로 맺은 조약
③ **무효**: 효력이나 효과가 없음.
④ **특사**: 나라를 대표하여 특별한 임무를 가지고 외국에 보내어지는 사람
⑤ **저격**: 일정한 대상을 노려서 치거나 총을 쏨.
⑥ **만행**: 도리에 벗어난 잔인한 일
⑦ **선고**: 형사 사건을 심사하는 법정에서 재판장이 판결을 알리는 일

012쪽
013쪽

내용 이해

04 다음 인물이 을사늑약에 저항한 내용을 선으로 이으세요.

| 인물 | ① 고종 | ② 민영환 | ③ 안중근 |

| 저항 | ㉠ 유서를 남기고 스스로 목숨을 끊었다. | ㉡ 우리나라 침략에 앞장선 이토 히로부미를 하얼빈역에서 저격하였다. | ㉢ 헤이그에 특사를 보내 을사늑약이 무효임을 국제 사회에 알리고자 하였다. |

내용 추론

05 다음은 을사늑약 체결 이후에 있었던 사실을 나타낸 것이에요. (가)에 들어갈 내용으로 알맞은 것은 무엇인가요? [✎ ③]

을사늑약이 체결되었다. → (가) → 고종이 황제 자리에서 물러났다. → 안중근이 이토 히로부미를 저격하였다.

① 대한 제국의 군대가 해산되었다.

② 서재필이 독립 협회를 만들었다.

③ 고종이 헤이그에 특사를 파견하였다.

④ 안중근이 뤼순 감옥에 갇혀 재판을 받았다.

⑤ 고종이 러시아 공사관에서 경운궁으로 돌아왔다.

도움말 | 1905년 을사늑약이 체결되자 1907년 고종은 헤이그에 특사를 보내 을사늑약이 무효임을 알리고자 하였어요.

내용 추론

06 안중근이 이토 히로부미를 저격해 죽인 까닭을 바르게 말한 어린이는 누구인지 쓰세요.

찬영 일제가 네덜란드 헤이그에서 열린 국제회의에 특사를 파견하였기 때문이야.

지민 일제가 을사늑약을 체결하고 고종을 강제로 황제 자리에서 물러나게 하였기 때문이야.

✎ **지민**

---

01 다음 뜻을 나타내는 낱말을 쓰세요.

① 도리에 벗어난 잔인한 일 **만 행**

② 일정한 대상을 노려서 치거나 총을 쏨. **저 격**

③ 형사 사건을 심사하는 법정에서 재판장이 판결을 알리는 일 **선 고**

02 다음 문장의 빈칸에 들어갈 낱말을 보기에서 찾아 쓰세요.

보기

반대 위협 체결

① 삼별초는 고려가 몽골과 강화하는 것에 (**반대**)하였다.

② 일본은 운요호 사건을 구실로 하여 조선을 (**위협**)하며 통상을 요구하였다.

③ 우리나라는 세계 여러 나라와 협약을 (**체결**)하기도 하며 함께 발전하고 있다.

03 다음 빈칸에 들어갈 낱말로 알맞은 것은 무엇인가요? [✎ ⑤]

> 이 교환권은 올해가 지나면 (무효)이니 올해 안에 써야 해.

> 아, 올해가 지나면 교환권의 효력이 없어지는구나!

① 무고 ② 무시 ③ 무한 ④ 무형 ⑤ 무효

014쪽
015쪽

03 항일 의병 운동과 애국 계몽 운동

016쪽 017쪽

글을 읽으면서 중요하다고 생각하는 낱말에 색칠해 보세요.

가 의병이란 외적의 침입을 물리치기 위하여 백성들이 자발적으로 조직한 군대를 말해요. 일제가 우리나라를 침략하자 일제로부터 나라를 지키려고 여러 차례 항일 의병이 일어났답니다. 1895년에 일본이 명성 황후를 시해한 을미사변이 일어나고 단발령이 실시되자 이에 반발하여 ¹유생들을 중심으로 의병이 일어났어요. 이후 단발령이 취소되고 고종이 ²해산 명령을 내리자 의병은 스스로 해산하였지요.

나 1905년 을사늑약 체결 이후 의병은 을사늑약에 저항하며 전국 각지에서 다시 일어났어요. 전직 관리였던 민종식, 양반 유생인 최익현 등이 의병을 조직하였어요. 이 시기에는 농민들도 적극적으로 의병에 참여하면서 신돌석과 같은 평민 출신 의병장도 등장하였어요. 신돌석은 경상도, 강원도 일대에서 크게 활약하여 '태백산 호랑이'라고 불렸어요.

다 1907년 고종이 황제 자리에서 강제로 물러나고 대한 제국의 군대도 해산되자, 해산을 명령받은 군인 중 일부가 의병에 ³합류하였어요. 이에 따라 의병 부대의 전투력이 강해져 의병 운동이 더욱 활발해졌어요. 의병들은 연합 부대를 만들어 한성을 향해 나아가는 작전(서울 ⁴진공 작전, 1908년)을 시도하였지만 성공하지 못하였어요. 이후 일본의 탄압이 심해지면서 많은 의병이 다치거나 죽었으며, 살아남은 의병들은 만주나 연해주로 이동하여 독립군으로 활동하였어요.

라 한편, 나라 안팎에서는 민족의 힘과 실력을 길러 나라를 지키려는 애국 ⁵계몽 운동이 일어났어요. 안창호, 이승훈 등은 1907년 비밀리에 신민회를 조직하여 교육과 산업을 발전시키고, 이로써 민족의 실력을 양성하려고 노력하였지요. 신민회는 학교를 세우고 민족 기업을 ⁶운영하였으며, 일제와 직접 전투하고자 만주에 독립 운동 기지를 세워 독립군을 기르기도 하였어요. 그러나 신민회는 일제의 탄압으로 1911년에 해체되고 말았답니다.

98

중심 낱말 찾기

01 다음 빈칸에 공통으로 들어갈 낱말을 이 글에서 찾아 쓰세요.

- 백성들이 자발적으로 조직한 군대를 **의병**(이)라고 한다.
- 일제가 우리나라를 침략하자 일제로부터 나라를 지키려고 항일 **의병**이/가 일어났다.

✎ 의병

내용 이해

02 다음에서 설명하는 작전을 이 글에서 찾아 쓰세요.

의병들이 연합 부대를 만들어 1908년에 전개한 것으로, 한성을 향해 나아가는 작전을 가리킨다.

✎ 서울 진공 작전

내용 이해

03 이 글의 내용과 일치하는 것은 무엇인가요? [✎ ③]

① 의병들이 시도한 서울 진공 작전은 성공하였다. → 성공하지 못하였어요.
② 김옥균은 신민회를 조직하여 계몽 운동을 하였다. → 안창호, 이승훈 등
③ 신돌석은 평민 출신 의병장으로 태백산 호랑이라고 불렸다.
④ 해산된 군인이 의병에 합류하면서 의병 부대의 전투력이 약해졌다. → 강해졌어요.
⑤ 을미사변과 단발령에 반발하여 일어난 의병은 일제에 의해 강제로 해산되었다. → 고종이 해산 명령을 내리자 스스로 해산하였어요.

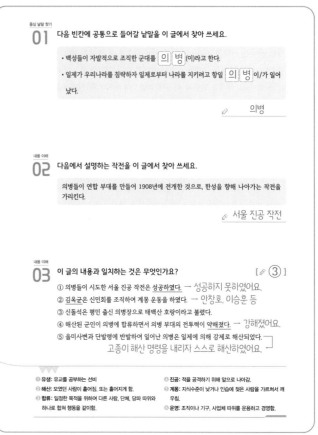

① 유생: 유교를 공부하는 선비
② 해산: 모였던 사람이 흩어짐. 또는 흩어지게 함.
③ 합류: 일정한 목적을 위하여 다른 사람, 단체, 당파 따위가 하나로 합쳐 행동을 같이함.
④ 진공: 적을 공격하기 위해 앞으로 나아감.
⑤ 계몽: 지식수준이 낮거나 인습에 젖은 사람을 가르쳐서 깨우침.
⑥ 운영: 조직이나 기구, 사업체 따위를 운용하고 경영함.

018쪽 019쪽

내용 이해

04 이 글에 나타난 신민회의 활동이 맞으면 ○, 틀리면 ✕에 표시하세요.

① 독립문을 세우고 만민 공동회를 열었다. [○ ✕] → 독립 협회의 활동이에요.
② 학교를 세우고 민족 기업을 운영하였다. [○ ✕]
③ 만주에 독립운동 기지를 세워 독립군을 길렀다. [○ ✕]

내용 이해

05 각 문단의 중심 내용을 찾아 선으로 이으세요.

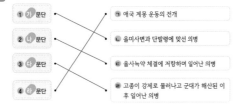

① 가 문단 • • ㉠ 애국 계몽 운동의 전개
② 나 문단 • • ㉡ 을미사변과 단발령에 맞선 의병
③ 다 문단 • • ㉢ 을사늑약 체결에 저항하며 일어난 의병
④ 라 문단 • • ㉣ 고종이 강제로 물러나고 군대가 해산된 이후 일어난 의병

내용 추론

06 밑줄 친 '활동'의 내용을 잘못 말한 어린이는 누구인지 쓰세요.

일제가 우리나라를 침략하자 우리 민족은 일제로부터 나라를 지키려고 1900년대에 다양한 활동을 전개하였다.

지수 신민회가 애국 계몽 운동을 펼쳤어요.
민환 전봉준 등 농민군이 동학 농민 운동을 벌였어요.
소영 다양한 계층의 사람들이 의병 운동을 전개하였어요.

✎ 민환

도움말 전봉준 등 농민군이 동학 농민 운동을 벌인 것은 1800년대 후반의 일이에요.

---

01 다음 낱말의 뜻을 찾아 선으로 이으세요.

① 계몽 • • ㉠ 적을 공격하기 위해 앞으로 나아감.
② 양성 • • ㉡ 실력이나 역량 등을 길러서 발전시킴.
③ 진공 • • ㉢ 지식수준이 낮거나 인습에 젖은 사람을 가르쳐서 깨우침.

02 다음 밑줄 친 낱말의 뜻을 보기에서 찾아 기호를 쓰세요.

보기
㉠ 모였던 사람이 흩어짐. 또는 흩어지게 함.
㉡ 조직이나 기구, 사업체 따위를 운용하고 경영함.
㉢ 일정한 목적을 위하여 다른 사람, 단체, 당파 따위와 하나로 합쳐 행동을 같이함.

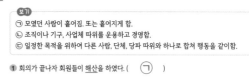

① 회의가 끝나자 회원들이 해산을 하였다. (㉠)
② 성종 때에는 나라를 운영하는 데 기준이 되는 법전인 경국대전을 완성하였다. (㉡)
③ 조선 의용대에서 김원봉을 비롯한 일부 병력은 대한민국 임시 정부의 한국 광복군에 합류하였다. (㉢)

03 다음 글에서 밑줄 친 '유생'의 뜻을 보기에서 찾아 기호를 쓰세요.

통상과 개항을 반대하던 유생들은 위정척사 운동을 전개하였다.

보기
㉠ 생명이 있음.
㉡ 유교를 공부하는 선비
㉢ 일정한 직업이 없이 놀면서 살아감.

✎ ㉡

글을 읽으면서 중요하다고 생각하는 낱말에 색칠해 보세요.

가 수많은 한국인이 나라를 지키려고 노력하였지만 일제는 1910년에 대한 제국의 [1]국권을 강제로 빼앗았어요. 그리고 조선 총독부라는 통치 기구를 두어 한국인을 강압적으로 다스렸어요. 일제는 [2]헌병에게 경찰의 임무를 주어 한국인들의 일상생활을 감시하고 독립운동을 탄압하였어요. 헌병 경찰은 정식 재판 절차를 거치지 않고도 한국인들에게 [3]태형을 가할 수 있었지요. 심지어 일제는 일반 관리뿐만 아니라 교사에게도 제복을 입고 칼을 차게 하여 [4]위압적인 분위기를 만들었어요. 한국인의 모든 정치 활동을 철저히 탄압하였고, 한국인에게는 고등 교육을 받을 기회를 거의 주지 않았답니다.

나 일제는 경제적으로도 한국인을 [5]약탈하였어요. 조선 총독부는 토지 소유자를 확인하고 더 많은 세금을 걷고자 1910년부터 토지 조사 사업을 시행하였지요. 토지 조사 사업은 토지를 가진 사람이 직접 신고한 토지만 소유지로 인정하는 것을 원칙으로 진행되었어요. 이 과정에서 신고하지 않거나 주인이 확실하지 않은 땅은 조선 총독부의 소유가 되었지요. 또한 일제는 토지 조사 사업을 시행하면서 땅 주인의 권리를 강화하였으며, 토지를 빌려 농사를 짓는 농민들의 권리는 약화하였어요. 그 결과 대다수의 농민이 살기 어려워졌어요.

다 일제의 식민 통치가 심해지자 만주와 연해주 등으로 살 곳을 옮기는 사람들이 늘어났어요. 국내에서 활동이 어려워진 독립운동가들 역시 일제의 손길이 덜 미치는 다른 나라로 건너가 활동을 이어 나갔지요. 이회영, 안창호 등은 나라 밖의 [6]동포들과 함께 독립운동을 벌였어요. 이회영의 집안은 1910년에 전 재산을 팔고 만주로 갔어요. 이회영은 만주에서 신흥 강습소(후에 신흥 무관 학교로 바뀜.)를 세우고 독립군 양성에 힘썼지요. 국내에서 계몽 운동을 하던 안창호는 일제가 우리나라를 강제로 빼앗자 미국 샌프란시스코로 건너가 민족의 독립을 위해 다양한 활동을 벌였어요.

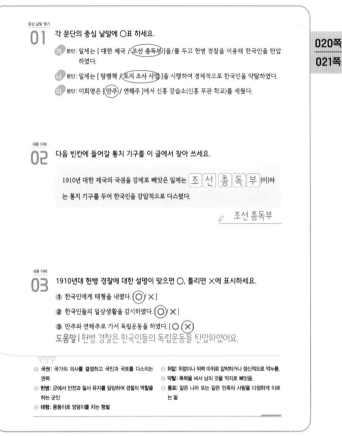

05 3·1 운동

글을 읽으면서 중요하다고 생각하는 낱말에 색칠해 보세요.

가 일제는 한국에서 강압적인 통치를 계속하였지만, 한국인들의 독립하려는 ❶의지는 더욱 커졌어요. 제1차 세계 ❷대전이 끝나갈 무렵 러시아의 지도자가 식민지 민족의 독립 운동을 지원하겠다고 선언하였어요. 또한 미국의 대통령은 "모든 민족은 자기 민족의 일을 스스로 결정할 권리가 있다."라고 주장하였지요. 이에 영향을 받은 일본의 한국인 유학생들은 독립 선언서를 발표하였어요. 국내에서도 종교계 지도자들과 학생 대표들이 ❸비밀리에 모여 독립 선언서를 준비하고 만세 시위를 계획하였답니다.

나 1919년 3월 1일에 종교계 지도자들이 중심이 된 민족 대표들은 독립을 선언하였어요. 학생과 시민들은 탑골 공원에서 독립 선언서를 ❹낭독하고 만세 시위를 벌였지요(3·1 운동). 만세 시위는 중소 도시와 농촌 지역까지 확대되었어요. 그리고 학생, 농민, 노동자, 상인 등 다양한 계층이 참여하면서 전 민족적인 운동으로 발전하였지요. 3·1 운동은 나라 밖으로도 확산하였어요. 일제는 만세 시위를 잔인하게 진압하였어요. 이때 ㉠ 유관순을 비롯하여 수많은 사람이 체포되었지요. 또한 일제는 3·1 운동에 대한 ❺보복으로 경기도 화성 제암리에서 주민들을 집단으로 학살하기도 하였어요.

다 3·1 운동은 일제의 탄압으로 좌절되었어요. 하지만 우리 민족의 독립 의지를 전 세계에 알린 중요한 사건이었답니다. 일제는 3·1 운동을 계기로 우리 민족을 무력으로만 지배할 수 없음을 깨닫고 통치 방식을 바꾸었어요. 일제는 헌병에게 주었던 경찰 임무를 거두었고, 한국인에게 교육의 기회를 확대하겠다고 하였어요. 그러나 일제는 오히려 경찰의 인원수를 늘려 독립운동에 대한 감시와 탄압을 강화하였으며, 한국인이 고등 교육을 받을 기회는 여전히 적었지요. 일제는 우리 민족을 분열시키고자 ❻친일파를 키우기도 하였어요.

중심 낱말 찾기

01 각 문단의 중심 낱말에 ○표 하세요.

- **가** 문단: 일제의 강압적인 통치에도 한국인들은 [을사늑약 /(독립 선언서)]을/를 준비하였다.
- **나** 문단: 1919년 일어난 (3·1 운동)/ 제1차 세계 대전]은 전 민족적인 운동으로 발전하였다.
- **다** 문단: 3·1 운동은 우리 민족의 [(독립 의지)/ 민족 분열]을/를 전 세계에 알린 중요한 사건이었다.

내용 이해

02 3·1 운동이 일어난 날짜는 언제인지 이 글에서 찾아 쓰세요.

✎ 1919년 3월 1일

내용 이해

03 이 글의 내용과 일치하지 않는 것은 무엇인가요? [✎ ①]

① 3·1 운동은 나라 밖으로 확산되지 않았다.
② 3·1 운동에는 농민과 노동자 계층도 참여하였다.
③ 3·1 운동을 계기로 일제는 통치 방식을 바꾸었다.
④ 일제는 한국인의 만세 시위를 잔인하게 진압하였다.
⑤ 3·1 운동이 일어나기 전에 일본의 한국인 유학생들이 독립 선언서를 발표하였다.

도움말 | ① **나** 문단에서 3·1 운동이 나라 밖으로도 확산하였음을 알 수 있어요.

---

❶ 의지: 어떠한 일을 이루고자 하는 마음
❷ 대전: 여러 나라가 참가하여 넓은 지역에 걸쳐 큰 전쟁을 벌임. 또는 그런 전쟁
❸ 비밀리: 관련 당사자 이외에 남이 모르는 가운데
❹ 낭독: 글을 소리 내어 읽음.
❺ 보복: 남이 저에게 해를 준 대로 저도 그에게 해를 줌.
❻ 친일파: 일제와 어울려 그들의 침략·약탈 정책을 지지하여 따르는 무리

내용 이해

04 다음 밑줄 친 '이것'은 무엇인지 이 글에서 찾아 쓰세요.

- 3·1 운동이 일어나기 전 종교계 지도자들과 학생 대표들이 비밀리에 모여 이것을 준비하였다.
- 1919년 3월 1일에 탑골 공원에서 학생과 시민들이 이것을 낭독하고 만세 시위를 벌였다.

✎ 독립 선언서

내용 이해

05 다음 사건이 일어난 순서에 맞게 번호를 쓰세요.

✎ 2	✎ 3	✎ 1	✎ 4
3월 1일에 학생과 시민들이 탑골 공원에서 만세 시위를 벌였다.	일제가 화성 제암리에서 주민들을 집단으로 학살하였다.	일본의 한국인 유학생들이 독립 선언서를 발표하였다.	일제가 헌병에게 주었던 경찰 임무를 거두었다.

내용 추론

06 ㉠의 인물이 살았던 시대 상황을 바르게 말한 어린이는 누구인지 쓰세요.

정민: 만세 운동에 여자들은 참여할 수 없었어.
수현: 우리 민족은 일제로부터 독립하려는 의지가 없었어.
상연: 일제는 대한 제국의 국권을 빼앗은 뒤 강압적인 통치를 계속하였어.

✎ 상연

도움말 | 정민: 만세 운동에는 유관순 등 많은 여자들이 참여하였어요.
수현: 한국인들의 독립하려는 의지가 커지면서 3·1 운동이 일어났어요.

---

01 다음 낱말의 뜻을 찾아 선으로 이으세요.

1 낭독 ——— ㉠ 글을 소리 내어 읽음.
2 보복 ——— ㉡ 어떠한 일을 이루고자 하는 마음
3 의지 ——— ㉢ 남이 저에게 해를 준 대로 저도 그에게 해를 줌.

02 다음 문장의 빈칸에 들어갈 낱말을 보기에서 찾아 쓰세요.

보기
시위   체포   대통령   친일파

❶ 전봉준을 비롯한 지도자가 (체포)되면서 동학 농민 운동은 끝이 났다.
❷ 김구 등은 일제의 정책을 옹호하고 지지하였던 (친일파)을/를 처단하였다.
❸ (대통령)은/는 국회에서 통과시킨 법에 대해 다시 논의할 것을 요구하였다.
❹ 부정 선거 소식이 알려지자, 전국 각지에서 부정 선거를 규탄하는 (시위)이/가 일어났다.

03 다음 글에서 밑줄 친 내용과 바꾸어 쓸 수 있는 낱말은 무엇인가요? [✎ ②]

회담은 오늘 오후에 참여자 이외에 다른 사람들은 모르는 가운데 서울에서 개최되었다.

① 뒤늦게   ② 비밀리에   ③ 성대하게   ④ 공식적으로   ⑤ 시끌벅적하게

06 대한민국 임시 정부의 수립과 활동

글을 읽으면서 중요하다고 생각하는 낱말에 색칠해 보세요.

가 3·1 운동을 전후하여 국내외 여러 지역에서는 임시 정부가 수립되었어요. 연해주의 블라디보스토크에서 대한 국민 의회, 중국 상하이에서는 상하이 임시 정부, 국내에서는 한성 정부가 만들어졌지요. 임시 정부들은 독립운동의 힘을 하나로 모으고자 노력하였어요. 그 결과 1919년 9월에 여러 곳의 임시 정부를 ●통합한 대한민국 임시 정부가 수립되었지요. 임시 정부의 위치는 일제의 ●영향력이 미치지 않고 여러 나라와 외교 활동을 펼치기에 ●유리한 상하이로 정하였어요.

나 대한민국 임시 정부는 대통령 중심제를 ●채택하여 대통령에 이승만, 국무총리에 이동휘를 선출하였어요. 이어 ●삼권 분립의 원칙에 따라 임시 의정원(입법), 국무원(행정), 법원(사법)을 구성하였지요. 임시 정부는 '대한민국'이라는 나라 이름을 처음으로 정하였어요. 또한 3·1 운동의 정신을 바탕으로 모든 국민이 평등하고 국민에게 주권이 있는 민주주의 정치 체제를 갖추었어요.

다 대한민국 임시 정부는 각지에서 벌어지고 있던 독립운동을 하나로 묶어 체계적으로 전개하고자 하였어요. 우선 비밀 ●연락망을 만들어 국내와 연락하고 독립운동을 이끌었어요. 또한 독립신문을 펴내 국내외 동포에게 독립운동 소식을 알렸지요. 임시 정부는 국민들에게 돈을 빌리고, 독립하면 돈과 이자를 돌려줄 것을 약속하는 증명서인 독립 공채를 발행하여 독립운동 자금을 모으기도 하였어요. 한편, 미국에 구미 위원부라는 외교 기관을 두어 외교 활동에도 힘썼어요.

라 그러나 일제의 감시와 탄압으로 비밀 연락망이 드러나고, 외교 활동이 실질적인 성과를 거두지 못하자 대한민국 임시 정부의 활동은 점차 위축되었어요. 게다가 독립운동가들 사이에 독립운동의 방법을 둘러싸고 갈등이 생겨 많은 사람이 임시 정부를 떠났어요. 그러나 어려운 ●여건 속에서도 임시 정부는 광복이 될 때까지 독립운동을 계속해 나갔어요.

중심 낱말 찾기

01 다음 ㉠에 들어갈 낱말을 이 글에서 찾아 쓰세요.

대한 국민 의회, 상하이 임시 정부, 한성 정부 등 여러 임시 정부를 하나로 통합하기 위한 논의가 있었고, 그 결과 (㉠)이/가 출범하였다.

∅ 대한민국 임시정부

내용 이해

02 대한민국 임시 정부에 대한 설명이 맞으면 ○, 틀리면 ✕에 표시하세요.

① 대통령에 이동휘를 선출하였다. [○ ⊗] → 이승만 선출
② 대한민국이라는 나라 이름을 처음으로 정하였다. [○ / ✕]
③ 3·1 운동의 정신을 바탕으로 민주주의 정치 체제를 갖추었다. [○ / ✕]

내용 이해

03 (가)에 들어갈 대답을 이 글에서 찾아 쓰세요.

대한민국 임시 정부가 상하이에서 수립된 이유는 무엇일까?

(가)

∅ 상하이는 일제의 영향력이 미치지 않고 여러 나라와 외교 활동을 펼치기에 유리하였기 때문이야.

● 통합: 둘 이상의 조직이나 기구 등을 하나로 합침.
● 영향력: 어떤 사물의 효과나 작용이 다른 것에 미치는 힘
● 유리: 이익이 있음.
● 채택: 제도, 의견 등을 골라서 다루거나 뽑아 씀.
● 삼권 분립: 국가의 권력을 입법, 사법, 행정의 삼권으로 분리하여 서로 견제하게 하는 국가 조직의 원리
● 연락망: 연락을 하기 위해 벌여 놓은 조직 체계나 통신망
● 여건: 주어진 조건

028쪽
029쪽

내용 이해

04 다음 빈칸에 들어갈 대한민국 임시 정부의 활동을 찾아 선으로 이으세요.

① 비밀 (연락망)을/를 만들어 국내와 연락하였다.　　　　　㉠ 연락망

② (독립 공채)을/를 발행하여 독립운동 자금을 모았다.　　　　㉡ 독립신문

③ (독립신문)을/를 펴내 국내외 동포에게 독립운동 소식을 알렸다.　　㉢ 독립 공채

내용 이해

05 다음 사건이 일어난 순서에 맞게 번호를 쓰세요.

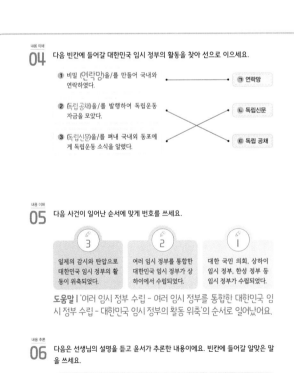

3 일제의 감시와 탄압으로 대한민국 임시 정부의 활동이 위축되었다.

2 여러 임시 정부를 통합한 대한민국 임시 정부가 상하이에서 수립되었다.

1 대한 국민 의회, 상하이 임시 정부, 한성 정부 등 임시 정부가 수립되었다.

도움말 | '여러 임시 정부 수립 - 여러 임시 정부를 통합한 대한민국 임시 정부 수립 - 대한민국 임시 정부의 활동 위축'의 순서로 일어났어요.

내용 추론

06 다음은 선생님의 설명을 듣고 윤서가 추론한 내용이에요. 빈칸에 들어갈 알맞은 말을 쓰세요.

선생님 1919년 9월에 수립된 대한민국 임시 정부는 임시 의정원(입법), 국무원(행정), 법원(사법)을 구성하였어요.

윤서 대한민국 임시 정부는 (　　　　)의 원칙에 따라 국가의 권력을 입법, 사법, 행정으로 분리하였군요.

∅ 삼권 분립

도움말 | 선생님은 대한민국 임시 정부가 삼권 분립의 원칙에 따라 국가 권력을 분리하였다는 것을 설명하고 있어요.

---

01 다음 뜻을 나타내는 낱말에 ○표 하세요.

① 주어진 조건 [(여건) / 위축]
② 제도, 의견 등을 골라서 다루거나 뽑아 씀. [간택 / (채택)]
③ 어떤 사물의 효과나 작용이 다른 것에 미치는 힘 [결단력 / (영향력)]

02 다음 문장의 빈칸에 들어갈 낱말을 보기 에서 찾아 쓰세요.

보기
발행　　　외교　　　통합　　　연락망

① 고조선은 다른 부족을 정복하거나 (통합)하여 세력을 키웠다.
② 뜻밖의 긴급한 사태가 있을 때 연락을 하기 위하여 비상 (연락망)을/를 만들었다.
③ 발해의 문왕은 일본에 보낸 (외교) 문서에서 스스로 '고려 국왕'이라고 하였다.
④ 새로운 문물이 들어오자 나라 안팎의 소식을 소개할 목적으로 다양한 신문이 (발행)되었다.

03 다음 빈칸에 공통으로 들어갈 수 있는 낱말로 알맞은 것은 무엇인가요? [✔ ①]

· 선미는 반장이 될 만한 (여건)을/를 많이 갖추고 있다.
· 지훈이는 어려운 (여건) 속에서도 좌절하지 않고 열심히 공부하였다.

① 여건　　② 여권　　③ 여운　　④ 여정　　⑤ 여지

030쪽
031쪽

07 무장 독립 투쟁의 전개

글을 읽으면서 중요하다고 생각하는 낱말에 색칠해 보세요.

가 3·1 운동 이후 일제에 맞서 °무장 독립 투쟁을 하는 것이 중요하다고 생각한 사람들이 있었어요. 이들은 독립군 부대를 조직하여 만주와 연해주 지역에서 활동하였지요. 그러자 일본군은 만주까지 쫓아와 독립군을 공격하였어요. 이때 홍범도가 이끄는 대한 독립군 등 독립군 연합 부대는 봉오동 계곡에서 일본군에 맞서 승리를 거두었어요(봉오동 전투, 1920년). 일본군이 다시 공격해 오자, 김좌진이 이끄는 북로 군정서와 홍범도가 이끄는 대한 독립군 등 여러 독립군 부대는 청산리 부근에서 이곳의 °지형을 이용한 전술로 일본군과 싸워 큰 승리를 거두었답니다(청산리 대첩, 1920년).

나 1920년대 후반 대한민국 임시 정부는 일제의 탄압으로 활동이 어려워졌어요. 김구는 ⊙ 한인 애국단을 조직하여 일제의 주요 인물을 °암살하려고 하였지요. 한인 애국단의 이봉창은 일본 도쿄에서 일본 국왕이 탄 마차를 향해 폭탄을 던졌으나 성공하지 못하였어요(1932년). 윤봉길은 중국 상하이 훙커우 공원에서 열린 행사장에 폭탄을 던져 중국 침략에 앞장섰던 일본군, 일본 관리 등 주요 인물들을 죽거나 다치게 하였어요(1932년). 윤봉길의 °의거를 계기로 대한민국 임시 정부는 중국 정부의 지원을 받게 되었어요. 그러나 일제의 감시가 심해져 대한민국 임시 정부는 중국 여러 지역으로 이동하였답니다.

다 대한민국 임시 정부는 1940년에 충칭에 정착한 뒤 한국 광복군이라는 군대를 °창설하였어요. 이후에 일제가 태평양 전쟁을 일으키자 대한민국 임시 정부는 일제에 °선전 포고하고, 한국 광복군을 전쟁에 참여하도록 하였어요. 대한민국 임시 정부는 일제를 몰아내고 독립을 이루기 위해 미군과 함께 국내로 들어가 전투를 벌일 계획을 세웠어요. 그러나 그 전에 일제가 갑작스럽게 항복하면서 작전을 실행하지 못하였어요.

중심 낱말 찾기

01 각 문단의 중심 낱말을 찾아 쓰세요.

가 문단: 봉오동 전투와 청산리 대첩에서 독립군의 승리

나 문단: 한인애국단 의 조직과 활동

다 문단: 한국광복군 의 창설

내용 이해

02 이 글의 내용과 일치하지 않는 것은 무엇인가요? [✏ ④]

① 김구는 일제의 주요 인물을 암살하려고 하였다.
② 홍범도가 이끄는 독립군 부대가 봉오동 전투에서 승리하였다.
③ 태평양 전쟁이 일어나자 대한민국 임시 정부는 일제에 선전 포고하였다.
④ 대한민국 임시 정부는 안중근의 의거를 계기로 중국 정부의 지원을 받았다.
⑤ 대한민국 임시 정부는 미군과 함께 국내로 들어가 전투를 벌일 계획을 세웠다.

도움말 | ④ 대한민국 임시 정부는 윤봉길의 의거를 계기로 중국 정부의 지원을 받게 되었어요.

내용 이해

03 ⊙ 단체의 활동으로 알맞은 것은 무엇인가요? [✏ ④]

① 3·1 운동을 주도하였다. → 민족 대표들이 한 일
② 만민 공동회를 개최하였다. → 독립 협회가 한 일
③ 하얼빈역에서 이토 히로부미를 저격하였다. → 안중근이 한 일
④ 상하이 훙커우 공원에서 일본 관리들을 죽거나 다치게 하였다.
⑤ 청산리의 지형을 이용한 전술로 일본군에게 큰 승리를 거두었다. → 북로 군정서, 대한 독립군 등이 한 일

❶ **무장**: 전투에 필요한 장비를 갖춤. 또는 그 장비
❷ **지형**: 땅의 생긴 모양이나 형세
❸ **암살**: 몰래 사람을 죽임.
❹ **의거**: 정의를 위하여 개인이나 집단이 의로운 일을 도모함.
❺ **창설**: 기관이나 단체 등을 처음으로 베풂.
❻ **선전 포고**: 한 나라가 다른 나라에 전쟁을 시작한다는 것을 공식적으로 알리는 일

내용 이해

04 다음 인물과 그 활동을 선으로 이으세요.

1 윤봉길 ——— ㉠ 도쿄에서 일본 국왕이 탄 마차에 폭탄을 던짐.

2 이봉창 ——— ㉡ 상하이 훙커우 공원에서 열린 행사장에 폭탄을 던짐.

내용 이해

05 다음 밑줄 친 '이 군대'는 무엇인지 이 글에서 찾아 쓰세요.

• 이 군대는 대한민국 임시 정부가 1940년에 창설하였다.
• 대한민국 임시 정부는 일제가 태평양 전쟁을 일으키자 이 군대를 전쟁에 참여하도록 하였다.

✏ 한국 광복군

내용 이해

06 무장 독립 투쟁의 과정에서 있었던 일을 순서에 맞게 번호를 쓰세요.

① 홍범도가 이끄는 대한 독립군 등이 봉오동 전투에서 승리하였다.

③ 김구가 한인 애국단을 조직하였다.

② 북로 군정서, 대한 독립군 등이 청산리 대첩에서 크게 승리하였다.

④ 대한민국 임시 정부가 미군과 국내로 들어가 전투할 계획을 세웠다.

내용 추론

07 이 글을 읽고 답을 추론할 수 있는 질문이 아닌 것은 무엇인가요? [✏ ⑤]

① 이봉창이 소속된 단체의 이름은 무엇인가요?
② 청산리 대첩에서 어떤 독립군 부대들이 활약하였나요?
③ 대한민국 임시 정부는 충칭에 정착한 뒤 어떤 활동을 하였나요?
④ 대한민국 임시 정부가 중국 정부의 지원을 받는 계기가 된 사건은 무엇인가요?
⑤ 한국 광복군이 미군과 함께 국내로 들어가 벌인 전투에서 일제에 승리할 수 있었던 이유는 무엇인가요?

도움말 | ⑤ 한국 광복군은 미군과 함께 국내로 들어가 전투를 벌일 계획을 세웠지만 그 전에 일제가 항복하면서 작전을 실행하지 못하였어요.

01 다음 낱말의 뜻을 찾아 선으로 이으세요.

1 무장 ——— ㉠ 몰래 사람을 죽임.

2 암살 ——— ㉡ 전투에 필요한 장비를 갖춤.

3 선전 포고 ——— ㉢ 한 나라가 다른 나라에 전쟁을 시작하는 것을 공식적으로 알리는 일

02 다음 밑줄 친 낱말의 뜻을 보기 에서 찾아 기호를 쓰세요.

보기
㉠ 땅의 생긴 모양이나 형세
㉡ 기관이나 단체 등을 처음으로 베풂.
㉢ 전쟁 또는 전투 상황에 대처하기 위한 기술과 방법

❶ 적군이 숨은 곳을 찾기 위해 지형을 살폈다. (㉠)
❷ 조선 정부는 신식 군대인 별기군을 창설하였다. (㉡)
❸ 이순신이 이끄는 수군은 뛰어난 전술과 거북선, 화포 등을 사용하여 여러 전투에서 큰 승리를 거두었다. (㉢)

03 다음 글에서 밑줄 친 내용과 바꾸어 쓸 수 있는 낱말을 무엇인가요? [✏ ②]

윤봉길이 정의를 위하여 의로운 일을 도모한 활동을 계기로 대한민국 임시 정부는 중국 정부의 지원을 받게 되었다.

① 의결　　② 의거　　③ 침략　　④ 선출　　⑤ 선거

08 일제의 민족 말살 통치와 민족 문화 수호 운동

글을 읽으면서 중요하다고 생각하는 낱말에 색칠해 보세요.

가 1930년대 일제는 침략 전쟁을 시작하였어요. 이때 일제는 '일본과 조선은 하나' 임을 내세워 우리 민족정신을 없애려는 통치를 하였지요. 이는 우리나라 사람들을 일제가 벌인 침략 전쟁에 [●]동원하기 위해서였어요. 일제는 전국에 [●]신사를 세워 한국인에게 절을 하도록 [●]강요하였으며, 신사에 절하는 것을 거부한 사람들을 감옥에 가두었어요. 그리고 한국인의 성과 이름도 일본식으로 바꾸도록 하였고, 이를 따르지 않는 사람은 학교를 다닐 수 없게 하였어요. 학교에서는 일본어를 가르치며 우리말 대신 일본어를 쓰게 하였어요.

나 일제는 우리나라 사람들을 무기 공장이나 전쟁터 등에 강제로 끌고 갔어요. 더욱이 일부 여성들은 일본군 '위안부'로 끌려가 많은 고통을 당하였어요. 또한 일제는 전쟁에 사용할 무기를 만들려고 놋그릇, 놋대야, 수저, 농기구 등 금속 제품이라면 가리지 않고 [●]빼앗아 갔어요.

다 일제가 우리의 민족정신을 없애려 하였지만, 독립운동가들은 우리의 민족정신과 문화를 지키려는 다양한 노력을 하였어요. 신채호는 대한 제국의 주권이 [●]위협을 받던 때부터 『이순신전』, 『을지문덕전』과 같은 우리 역사 속에 등장하는 영웅 이야기를 책으로 펴내어 한국인으로서 당당한 마음을 가질 수 있도록 하였어요. 일제 강점기에는 우리 역사의 주인이 한국인임을 강조하는 『조선사연구초』 등의 역사책을 썼어요. 한편, 이육사는 시와 글을 써 민족정신을 일깨우고자 하였어요. 그는 「청포도」, 「광야」, 「절정」 등을 발표하여 일제에 대한 [●]저항 의식을 표현하였지요.

라 조선어 학회는 우리말과 우리글을 연구하여 한글을 널리 보급하는 데 힘썼어요. 그리고 한글 맞춤법 통일안을 마련하고 [●]표준어를 제정하였어요. 이와 함께 『우리말 큰사전』이라는 국어사전을 펴내는 데 힘을 쏟았지만, 이 활동은 일제의 탄압으로 중단되었어요.

중심 낱말 찾기

01 다음 ㉠, ㉡에 들어갈 낱말을 이 글에서 찾아 쓰세요.

일제는 1930년대 침략 전쟁을 시작하면서 한국인의 (㉠)을/를 없애려는 통치를 하였어요. 그러나 신채호 등 독립운동가들은 역사책 편찬 등을 통해 우리의 민족정신과 (㉡)을/를 지키려고 다양한 노력을 하였어요.

✎ ㉠: 민족정신 ㉡: 문화

내용 이해

02 다음 빈칸에 들어갈 내용을 이 글에서 찾아 쓰세요.

1930년대 이후 일제는 '일본과 조선은 하나'임을 내세워 우리 민족정신을 없애려고 하였다. 그 까닭은 _____

✎ 우리나라 사람들을 일제가 벌인 침략 전쟁에 동원하기 위해서였다.

내용 이해

03 일제가 우리의 민족정신을 없애려고 펼쳤던 정책이 맞으면 ○, 틀리면 ×에 표시하세요.

1 전국에 세워진 신사에 강제로 절을 하도록 하였다. [○ / ×]
2 학교에서 우리말 대신 일본어를 쓰는 것을 금지하였다. [○ / ⊗] → 일본어를 쓰게 하였어요.
3 우리나라 사람들의 성과 이름을 일본식으로 바꾸도록 하였다. [○ / ×]

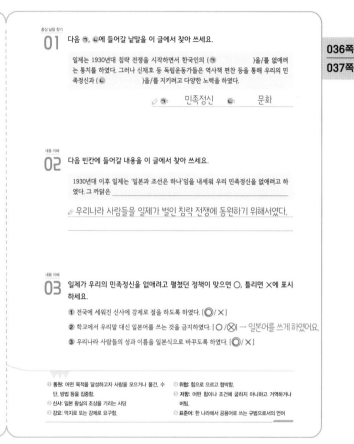

① **동원**: 어떤 목적을 달성하고자 사람을 모으거나 물건, 수단, 방법 등을 집중함.
② **신사**: 일본 왕실의 조상을 기리는 사당
③ **강요**: 억지로 또는 강제로 요구함.
④ **위협**: 힘으로 으르고 협박함.
⑤ **저항**: 어떤 힘이나 조건에 굽히지 아니하고 거역하거나 버팀.
⑥ **표준어**: 한 나라에서 공용어로 쓰는 규범으로서의 언어

036쪽
037쪽

내용 이해

04 가~라 문단 중 다음 설명과 관련된 문단의 기호를 쓰세요.

1930년대 이후 일제는 한국인을 침략 전쟁에 동원하고 전쟁에 사용할 무기를 만들기 위해 우리나라의 인적, 물적 자원을 빼앗아 갔다.

✎ 나 문단

내용 이해

05 다음은 독립운동가의 활동을 정리한 것이에요. ㉠, ㉡에 들어갈 인물을 이 글에서 찾아 쓰세요.

인물	활동
㉠	『조선사연구초』 등의 역사책을 써 우리 역사의 주인이 한국인임을 강조함.
㉡	「청포도」, 「광야」, 「절정」 등의 시를 지어 일제에 대한 저항 의식을 표현함.

✎ ㉠: 신채호 ㉡: 이육사

내용 이해

06 우리의 민족정신을 지키기 위해 다음과 같은 활동을 한 단체를 쓰세요.

• 우리말과 우리글을 연구하고 한글 맞춤법 통일안을 마련하였다.
• 『우리말 큰사전』을 펴내는 데 힘을 쏟았다.

✎ 조선어 학회

내용 추론

07 독립운동가들이 일제에 맞서 우리의 민족정신을 지키고자 한 노력을 잘못 말한 어린이는 누구인지 쓰세요.

지효	이육사는 『이순신전』 등 위인전을 썼어.
성민	신채호는 우리나라의 역사를 연구하였어.
보라	조선어 학회는 한글을 보급하는 데 노력을 기울였어.

✎ 지효

도움말 | 『이순신전』을 쓴 독립운동가는 신채호예요.

---

01 다음 뜻을 나타내는 낱말을 쓰세요.

1 힘으로 으르고 협박함. 위 협
2 어떤 힘이나 조건에 굽히지 아니하고 거역하거나 버팀. 저 항
3 어떤 목적을 달성하고자 사람을 모으거나 물건, 수단, 방법 등을 집중함. 동 원

02 다음 문장의 빈칸에 들어갈 낱말을 보기에서 찾아 쓰세요.

보기
강요   보급   독립운동가

1 이토 히로부미를 저격해 죽인 (독립운동가)은/는 안중근이다.
2 나의 생각이나 종교, 신념 등을 친구에게 (강요)하지 않아야 한다.
3 대한 제국 시기에는 서양식 병원이 설립되어 근대 의료 기술이 (보급)되었다.

03 다음 글의 밑줄 친 '쏟다'와 같은 뜻으로 사용된 문장은 무엇인가요? [④]

조선어 학회는 한글을 널리 보급하고자 하였고, 『우리말 큰사전』이라는 국어사전을 펴내는 데 힘을 쏟았다.

① 바닥에 물을 쏟았다.
② 쌀통에 쌀을 쏟아 넣었다.
③ 지나친 피로로 코피를 쏟았다.
④ 그는 요즘 새로운 분야에 관심을 쏟고 있다.
⑤ 큰비를 쏟고 난 하늘은 어느새 맑게 개었다.

038쪽
039쪽

103

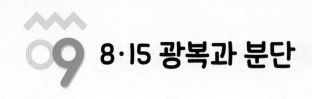

040쪽
041쪽

글을 읽으면서 중요하다고 생각하는 낱말에 색칠해 보세요.

가 제2차 세계 대전 중 연합국은 전쟁에서 승리할 것을 예상하여 여러 차례 열린 회의에서 우리 민족의 독립을 약속하였어요. 1945년 8월 15일, 일본이 연합국에 항복하면서 우리나라는 마침내 ❶광복을 맞이하였지요. 광복은 우리 민족이 끊임없이 독립을 위해 노력한 결과이기도 하였어요.

나 광복 이전부터 독립운동가들은 광복 이후에 세울 나라를 준비하였어요. 국외에 있던 대한민국 임시 정부는 ❷건국의 원칙을 발표하였어요. 그리고 광복과 함께 국내에서 건국을 준비하는 단체가 만들어져 나라의 ❸안녕과 질서를 유지하고자 노력하였지요. 광복 소식이 전해지자 다른 나라에 머물던 동포가 ❹고국으로 돌아왔고, 이승만, 김구 등 여러 독립운동가도 귀국하였어요.

다 한편, 일제가 항복을 선언하자 ❺소련과 미국은 일본의 군대를 해산시키는 것을 이유로 한반도에 들어왔어요. 38도선을 기준으로 북쪽에 소련이, 남쪽에 미국이 각각 군대를 머물게 하였지요. 소련과 미국은 한반도에서 자신들의 영향력을 넓혀 가려고 하였어요.

라 1945년 12월에는 미국, 영국, 소련이 제2차 세계 대전 이후의 문제를 처리하기 위해 모스크바에 모여 회의를 하였어요(모스크바 3국 ❻외상 회의). 이 회의에서 한반도에 민주주의 임시 정부를 수립하고, 정부가 수립되기 전에 최대 5년 동안 ❼신탁 통치를 실시한다는 내용이 결정되었어요.

마 모스크바 3국 외상 회의에서 결정된 내용이 국내에 전해지자 신탁 통치에 반대하는 사람들과 회의의 결정에 찬성하는 사람들 사이에서 갈등이 일어났어요. 이러한 가운데 미국과 소련은 한국에 임시 정부를 구성하는 방법을 논의하기 위해 두 차례 회의를 열었지만 합의를 이루지 못하였어요. 그러자 미국은 한국의 정부 수립 문제를 국제 연합(UN)에 넘겼답니다.

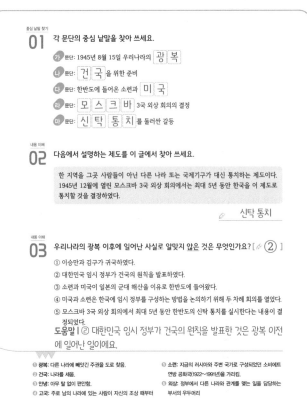

중심 낱말 찾기
01 각 문단의 중심 낱말을 찾아 쓰세요.
가 문단: 1945년 8월 15일 우리나라의 광복
나 문단: 건국을 위한 준비
다 문단: 한반도에 들어온 소련과 미국
라 문단: 모스크바 3국 외상 회의의 결정
마 문단: 신탁 통치를 둘러싼 갈등

내용 이해
02 다음에서 설명하는 제도를 이 글에서 찾아 쓰세요.

한 지역을 그곳 사람들이 아닌 다른 나라 또는 국제기구가 대신 통치하는 제도이다. 1945년 12월에 열린 모스크바 3국 외상 회의에서는 최대 5년 동안 한국을 이 제도로 통치할 것을 결정하였다.

✎ 신탁 통치

내용 이해
03 우리나라의 광복 이후에 일어난 사실로 알맞지 않은 것은 무엇인가요? [✎ ②]
① 이승만과 김구가 귀국하였다.
② 대한민국 임시 정부가 건국의 원칙을 발표하였다.
③ 소련과 미국이 일본의 군대 해산을 이유로 한반도에 들어왔다.
④ 미국과 소련이 한국에 임시 정부를 구성하는 방법을 논의하기 위해 두 차례 회의를 열었다.
⑤ 모스크바 3국 외상 회의에서 최대 5년 동안 한반도의 신탁 통치를 실시한다는 내용이 결정되었다.
도움말 | ② 대한민국 임시 정부가 건국의 원칙을 발표한 것은 광복 이전에 일어난 일이에요.

❶ 광복: 다른 나라에 빼앗긴 주권을 도로 찾음.
❷ 건국: 나라를 세움.
❸ 안녕: 아무 탈 없이 편안함.
❹ 고국: 주로 남의 나라에 있는 사람이 자신의 조상 때부터 살던 나라를 이르는 말
❺ 소련: 지금의 러시아와 주변 국가로 구성되었던 소비에트 연방 공화국(1922~1991년)을 가리킴.
❻ 외상: 정부에서 다른 나라와 관계를 맺는 일을 담당하는 부서의 우두머리
❼ 신탁 통치: 한 지역을 그곳 사람들이 아닌 다른 나라 또는 국제기구가 대신 통치하는 제도

042쪽
043쪽

내용 이해
04 모스크바 3국 외상 회의에서 결정된 내용을 잘못 말한 어린이는 누구인지 쓰세요.

재민 한국의 독립을 약속하였어.
나래 최대 5년 동안 한국을 신탁 통치하기로 하였어.
형우 한반도에 민주주의 임시 정부를 수립하기로 하였어.

✎ 재민

도움말 | 모스크바 3국 외상 회의는 한국이 독립한 후에 열렸어요.

내용 이해
05 다음 원인과 결과를 선으로 이으세요.

원인
① 우리 민족이 끊임없이 독립을 위해 노력하였다.
② 미국과 소련이 한국의 임시 정부 구성 방법을 논의하였지만 합의를 이루지 못하였다.
③ 모스크바 3국 외상 회의에서 한국을 신탁 통치할 것을 결정하였다.

결과
㉠ 미국이 한국의 문제를 국제 연합(UN)에 넘겼다.
㉡ 1945년 8월 15일, 우리나라가 마침내 광복을 맞이하였다.
㉢ 회의 내용이 알려지자 사람들 사이에 두고 사람들 사이에서 갈등이 일어났다.

내용 추론
06 우리 민족이 8·15 광복을 맞이할 수 있었던 까닭으로 알맞은 것을 보기에서 모두 골라 기호를 쓰세요.

보기
㉠ 우리 민족의 끊임없는 독립운동
㉡ 제2차 세계 대전에서 일본의 승리
㉢ 한국 광복군의 국내 진공 작전 성공
㉣ 제2차 세계 대전에서 연합국의 승리

✎ ㉠, ㉣

도움말 | ㉡ 제2차 세계 대전에서 일본은 연합국에 항복하였어요.
㉢ 한국 광복군은 국내 진공 작전을 실행하지 못하였어요.

01 다음 낱말의 뜻을 찾아 선으로 이으세요.
① 고국 — ㉢ 주로 남의 나라에 있는 사람이 자신의 조상 때부터 살던 나라를 이르는 말
② 광복 — ㉠ 다른 나라에 빼앗긴 주권을 도로 찾음.
③ 외상 — ㉡ 정부에서 다른 나라와 관계를 맺는 일을 담당하는 부서의 우두머리

02 다음 문장의 빈칸에 들어갈 낱말을 보기에서 찾아 쓰세요.

보기
독립   처리   해산   영향력

① 일제는 대한 제국의 군대를 강제로 (해산)하였다.
② 그는 국내외적으로 큰 (영향력)을/를 지닌 인물이다.
③ 차미리사는 여성이 직업을 가지고 스스로 (독립)적인 삶을 살아야 한다고 가르쳤다.
④ 우리나라는 원유를 가공, (처리)하는 기술이 뛰어나서 각종 석유 제품을 만들어 수출한다.

03 다음 빈칸에 들어갈 낱말을 오른쪽 상자에서 찾아 쓰세요.

① 고조선의 건국* 이야기에는 곰과 호랑이가 등장한다. *나라를 세움.
건 폐 멸 국

② 법을 지키지 않는 행동은 다른 사람의 권리를 침해할 수 있고, 다툼이나 갈등*(으)로 이어질 수 있다.
갈 화 등 합

* 개인이나 집단 사이에 목표나 이해관계가 달라 서로 적대시하거나 충돌함.

10 대한민국 정부 수립

글을 읽으면서 중요하다고 생각하는 낱말에 색칠해 보세요.

가 미국과 소련이 개최한 두 차례의 회의가 ^①무산되고 미국이 한국의 문제를 국제 연합(UN)으로 넘기자, 국제 연합은 남북한 총선거를 치러 한반도에 통일 정부를 세우기로 결정하였어요. 그리고 국제 연합은 선거를 공정하게 관리하기 위해 유엔 한국 임시 위원단을 조직하여 한반도에 보냈지요. 그러나 미국과 입장을 달리했던 소련은 38도선 북쪽으로 유엔 한국 임시 위원단이 들어오지 못하게 하였어요. 이러한 상황에서 ㉠ 통일 정부 수립이 어렵다면 남한만이라도 정부를 수립해야 한다고 주장하는 쪽과 ㉡ 남북 ^②분단을 막고자 통일 정부를 수립해야 한다고 주장하는 쪽이 대립하였어요. 결국 국제 연합은 선거가 가능한 남한에서만 총선거를 실시하기로 결정하였어요. 김구와 김규식 등은 남한만의 단독 선거를 막고 통일 정부를 수립하고자 북한의 지도자에게 회담을 제안하였어요. 그러나 남북에서 각각 단독 정부를 수립하는 절차가 진행되었고, 협상은 실패로 끝이 났어요.

나 남한에서는 1948년 5월 10일에 우리나라 최초의 민주주의 선거를 실시하여 국회 의원을 뽑았어요(5·10 총선거). 5·10 총선거 결과 선출된 국회 의원으로 구성된 ^③제헌 국회는 우리나라의 이름을 '대한민국'으로 정하고, 제헌 헌법을 만들어 7월 17일에 ^④공포하였지요. 제헌 헌법에 따라 국회 의원들은 이승만을 ^⑤초대 대통령으로 뽑았어요. 이승만 대통령은 정부 부서를 조직하고 1948년 8월 15일에 대한민국 정부가 수립되었음을 나라 안팎에 알렸어요. 이후 국제 연합 총회는 대한민국 정부를 ^⑥합법 정부로 승인하였고, 이후 대한민국은 여러 나라로부터 승인을 받아 국제 사회의 일원이 되었어요. 대한민국 정부의 수립은 대한민국 임시 정부의 ^⑦법통을 이어 우리 민족의 독립 정부를 수립하였다는 점에서 의의가 있어요. 한편, 북한은 1948년 9월에 조선 민주주의 인민 공화국의 수립을 선포하였어요. 이로써 한반도는 남과 북으로 나누어지게 되었어요.

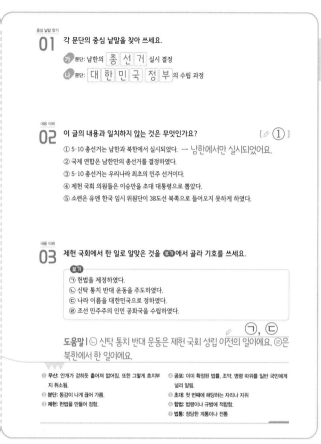

중심 낱말 찾기

01 각 문단의 중심 낱말을 찾아 쓰세요.

가 문단: 남한의 **총선거** 실시 결정

나 문단: **대한민국정부**의 수립 과정

내용 이해

02 이 글의 내용과 일치하지 **않는** 것은 무엇인가요? [①]

① 5·10 총선거는 남한과 북한에서 실시되었다. → 남한에서만 실시되었어요.
② 국제 연합은 남한만의 총선거를 결정하였다.
③ 5·10 총선거는 우리나라 최초의 민주 선거이다.
④ 제헌 국회 의원들은 이승만을 초대 대통령으로 뽑았다.
⑤ 소련은 유엔 한국 임시 위원단이 38도선 북쪽으로 들어오지 못하게 하였다.

내용 이해

03 제헌 국회에서 한 일로 알맞은 것을 **보기**에서 골라 기호를 쓰세요.

보기
㉠ 헌법을 제정하였다.
㉡ 신탁 통치 반대 운동을 주도하였다.
㉢ 나라 이름을 대한민국으로 정하였다.
㉣ 조선 민주주의 인민 공화국을 수립하였다.

㉠, ㉢

도움말 | ㉡ 신탁 통치 반대 운동은 제헌 국회 성립 이전의 일이에요. ㉣은 북한에서 한 일이에요.

① **무산**: 안개가 걷히듯 흩어져 없어짐. 또한 그렇게 흐지부지 취소됨.
② **분단**: 동강이 나게 끊어 가름.
③ **제헌**: 헌법을 만들어 정함.
④ **공포**: 이미 확정된 법률, 조약, 명령 따위를 일반 국민에게 널리 알림.
⑤ **초대**: 첫 번째에 해당하는 자리나 지위
⑥ **합법**: 법령이나 규범에 적합함.
⑦ **법통**: 정당한 계통이나 전통

044쪽
045쪽

내용 이해

04 대한민국 정부의 수립 과정에서 있었던 일을 순서에 맞게 번호를 쓰세요.

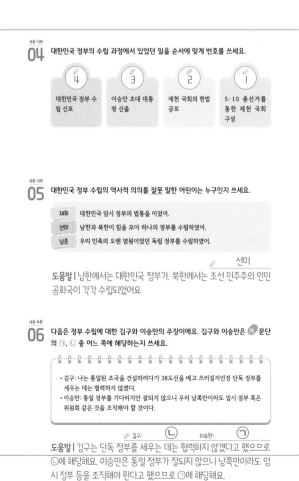

4	3	2	1
대한민국 정부 수립 선포	이승만 초대 대통령 선출	제헌 국회의 헌법 공포	5·10 총선거를 통한 제헌 국회 구성

내용 이해

05 대한민국 정부 수립의 역사적 의의를 잘못 말한 어린이는 누구인지 쓰세요.

재희 대한민국 임시 정부의 법통을 이었어.
선미 남한과 북한이 힘을 모아 하나의 정부를 수립하였어.
남준 우리 민족의 오랜 염원이었던 독립 정부를 수립하였어.

선미

도움말 | 남한에서는 대한민국 정부가, 북한에서는 조선 민주주의 인민 공화국이 각각 수립되었어요.

내용 추론

06 다음은 정부 수립에 대한 김구와 이승만의 주장이에요. 김구와 이승만은 **가** 문단의 ㉠, ㉡ 중 어느 쪽에 해당하는지 쓰세요.

· 김구: 나는 통일된 조국을 건설하려다가 38도선을 베고 쓰러질지언정 단독 정부를 세우는 데는 협력하지 않겠다.
· 이승만: 통일 정부를 기다리지만 잘되지 않으니 우리 남쪽만이라도 임시 정부 혹은 위원회 같은 것을 조직해야 할 것이다.

김구: ㉡   이승만: ㉠

도움말 | 김구는 단독 정부를 세우는 데는 협력하지 않겠다고 했으므로 ㉡에 해당해요. 이승만은 통일 정부가 잘되지 않으니 남쪽만이라도 임시 정부 등을 조직해야 한다고 했으므로 ㉠에 해당해요.

01 다음 뜻을 나타내는 낱말을 쓰세요.

① 헌법을 만들어 정함. **제헌**
② 법령이나 규범에 적합함. **합법**
③ 안개가 걷히듯 흩어져 없어짐. 또한 그렇게 흐지부지 취소됨. **무산**

02 다음 문장의 빈칸에 들어갈 낱말을 **보기**에서 찾아 쓰세요.

보기
분단   무산   초대

① 제헌 국회는 헌법을 만들고 이승만을 (**초대**) 대통령으로 선출하였다.
② 한국 축구 대표팀이 나이지리아에 아쉽게 패배하여 2연승이 (**무산**)되었다.
③ 남한과 북한에 각기 다른 체제의 정부가 수립되면서 남북의 (**분단**)은 현실이 되었다.

03 다음 밑줄 친 낱말의 뜻을 **보기**에서 골라 기호를 쓰세요.

제헌 국회는 우리나라의 이름을 '대한민국'으로 정하고, 제헌 헌법을 만들어 7월 17일에 <u>공포</u>하였다.

보기
㉠ 두렵고 무서움.
㉡ 성숙한 식물 세포에 들어 있는 구조물
㉢ 이미 확정된 법률, 조약, 명령 등을 일반 국민에게 널리 알리는 일

㉢

046쪽
047쪽

11 6·25 전쟁

글을 읽으면서 중요하다고 생각하는 낱말에 색칠해 보세요.

가 남과 북에 서로 다른 체제의 정부가 세워진 뒤 남북 간의 갈등이 점점 커졌어요. 그러던 중 1950년 6월 25일 새벽, 북한은 ^①무력으로 통일을 이루고자 38도선을 넘어 남한을 침략하였어요(6·25 전쟁). 북한군의 갑작스러운 공격으로 남한의 국군은 낙동강 일대까지 후퇴하였어요. 국제 연합은 미국을 중심으로 16개국이 참여한 국제 연합군을 남한에 보냈어요. 국군과 국제 연합군은 인천 상륙 작전에 성공하여 북쪽으로 나아갔어요.

나 국군과 국제 연합군이 북쪽 국경에 이르자 중국은 북한을 지원하였어요. 중국군의 공격을 이기지 못한 국군과 국제 연합군은 다시 남쪽으로 밀려났지요. 그 뒤에도 38도선 부근에서 크고 작은 전투가 계속되었어요. 한편에서는 전쟁을 멈추기 위해 협상을 진행하였어요. 결국 3년 동안 이어진 전쟁은 1953년 7월에 ^②정전 협정이 체결되어 마무리되었지요. 그리고 서로 맞서 싸우던 자리는 휴전선이 되었어요.

다 6·25 전쟁으로 군인뿐만 아니라 많은 ^③민간인이 죽거나 다쳤어요. ^④이산가족과 부모를 잃은 전쟁고아가 수없이 생겨났지요. 많은 사람이 전쟁으로 삶의 터전을 잃고 피란을 떠났으며, 피란을 가지 못한 사람 중에는 ^⑤점령군이 바뀔 때마다 상대편에게 도움을 주었다는 이유로 목숨을 잃거나 고통을 당하는 경우가 많았어요. 6·25 전쟁 때문에 남북한이 입은 물질적인 피해도 컸어요. 국토는 황폐해졌고 건물, 도로, 공장, 철도 등의 시설이 파괴되었으며, 많은 문화재가 ^⑥훼손되었어요. 또한 식량과 생활필수품도 부족하여 많은 사람이 어려움을 겪었지요.

라 6·25 전쟁 이후 남한과 북한은 서로 적대시하며 긴장과 갈등 관계를 이어 나갔어요. 한편으로는 이산가족 찾기 방송, 남북한 이산가족 ^⑦상봉 행사와 같은 교류가 이루어지기도 하였지요. 그러나 아직까지 많은 사람이 가족과 헤어진 채 살아가고 있어요.

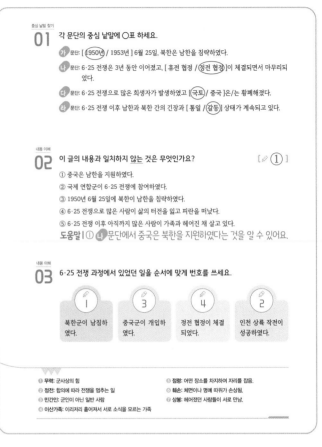

중심 낱말 찾기

01 각 문단의 중심 낱말에 ○표 하세요.

가 문단: [1950년 / 1953년] 6월 25일, 북한은 남한을 침략하였다.

나 문단: 6·25 전쟁은 3년 동안 이어졌고, [휴전 협정 / 정전 협정]이 체결되면서 마무리되었다.

다 문단: 6·25 전쟁으로 많은 희생자가 발생하였고 [국토 / 중국]은/는 황폐해졌다.

라 문단: 6·25 전쟁 이후 남한과 북한 간의 긴장과 [통일 / 갈등] 상태가 계속되고 있다.

내용 이해

02 이 글의 내용과 일치하지 않는 것은 무엇인가요? [✏ ①]

① 중국은 남한을 지원하였다.
② 국제 연합군이 6·25 전쟁에 참여하였다.
③ 1950년 6월 25일에 북한이 남한을 침략하였다.
④ 6·25 전쟁으로 많은 사람이 삶의 터전을 잃고 피란을 떠났다.
⑤ 6·25 전쟁 이후 아직까지 많은 사람이 가족과 헤어진 채 살고 있다.

도움말 | ① 나 문단에서 중국은 북한을 지원하였다는 것을 알 수 있어요.

내용 이해

03 6·25 전쟁 과정에서 있었던 일을 순서에 맞게 번호를 쓰세요.

①	③	④	②
북한군이 남침하였다.	중국군이 개입하였다.	정전 협정이 체결되었다.	인천 상륙 작전이 성공하였다.

① 무력: 군사상의 힘
② 정전: 합의에 따라 전쟁을 멈추는 일
③ 민간인: 군인이 아닌 일반 사람
④ 이산가족: 이리저리 흩어져서 서로 소식을 모르는 가족
⑤ 점령: 어떤 장소를 차지하여 자리를 잡음.
⑥ 훼손: 체면이나 명예 따위가 손상됨.
⑦ 상봉: 헤어졌던 사람들이 서로 만남.

내용 이해

04 다음은 6·25 전쟁으로 인한 피해를 정리한 것이에요. 빈칸에 들어갈 알맞은 내용을 쓰세요.

- 군인뿐만 아니라 많은 민간인이 죽거나 다쳤다.
- 이산가족과 부모를 잃은 전쟁고아들이 수없이 생겨났다.
- _____

✏ 국토가 황폐해졌다. / 건물, 도로, 공장, 철도 등의 시설이 파괴되었다. / 많은 문화재가 훼손되었다. / 피란을 가지 못한 사람 중에는 점령군이 바뀔 때마다 상대편에게 도움을 주었다는 이유로 목숨을 잃거나 고통을 당하는 경우도 있었다. 등

내용 이해

05 6·25 전쟁으로 발생한 인명 피해와 물질적인 피해를 선으로 이으세요.

1 인명 피해 —— ㉠ 주요 시설이 파괴됨, 많은 문화재가 훼손됨

2 물질적인 피해 —— ㉡ 많은 사람이 죽거나 다침, 이산가족과 전쟁고아가 생겨남

내용 추론

06 6·25 전쟁 중에 있었던 사실 중 지도에 나타난 내용에 대해 바르게 말한 어린이는 누구인지 쓰세요.

가영 국군이 낙동강 이남까지 후퇴하였어.

선호 중국군이 개입하면서 국군과 연합군이 불리해졌어.

하민 인천 상륙 작전을 계기로 국군과 국제 연합군이 북한 지역의 대부분을 장악하였어.

✏ 하민

도움말 | 지도를 보면 국군과 국제 연합군이 북쪽으로 나아가는 것을 확인할 수 있어요.

01 다음 뜻을 나타내는 낱말에 ○표 하세요.

1 군사상의 힘 [무력 / 유력]

2 헤어졌던 사람들이 서로 만남. [상봉 / 상영]

3 합의에 따라 전쟁을 멈추는 일 [교전 / 정전]

02 다음 문장의 빈칸에 들어갈 낱말을 보기에서 찾아 쓰세요.

보기

| 갈등 | 국토 | 침략 | 협상 |

1 우리나라는 (국토) 면적의 약 70%가 산지이다.

2 고조선은 중국 한의 (침략)을/를 받아 멸망하였다.

3 동학 농민군은 조선 정부와 (협상)하여 개혁을 약속받고 물러났다.

4 근무 환경, 임금 등의 문제로 노동자와 기업의 경영자 사이에 노사 (갈등)이/가 일어나기도 한다.

03 다음 글에서 밑줄 친 낱말과 바꾸어 쓸 수 있는 낱말은 무엇인가요? [✏ ②]

'인터넷 본인 확인제(실명제)'는 자신이 누구인지 드러나지 않는다는 인터넷 특성에 기대어 다른 사람의 명예를 훼손하거나 모욕하는 악성 댓글을 막고자 도입되었다.

① 복구 ② 손상 ③ 약탈 ④ 제한 ⑤ 폐기

12 4·19 혁명

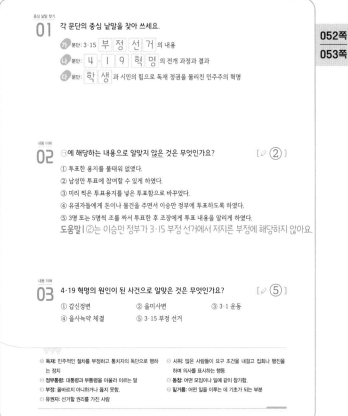

글을 읽으면서 중요하다고 생각하는 낱말에 색칠해 보세요.

가 제헌 국회가 이승만을 우리나라의 첫 번째 대통령으로 선출한 이후, 이승만은 헌법을 바꿔 가며 계속 대통령이 되었어요. 이승만 정부의 ❶독재 정치가 계속되고 경제도 어려워지자 국민의 불만이 커져 갔어요. 이러한 가운데 ⊙ 이승만 정부는 1960년 3월 15일에 치러진 ❷정부통령 선거에서 대대적인 ❸부정을 저질렀어요(3·15 부정 선거). 부정 선거의 방법으로는 3명 또는 5명씩 조를 짜서 투표한 후 조장에게 투표 내용을 알리게 하는 방법, ❹유권자에게 돈이나 물건을 주면서 이승만 정부에 투표하게 하는 방법, 투표한 용지를 불태워 없애거나 미리 찍은 투표용지를 넣은 투표함으로 바꾸는 방법 등이 있었지요. 그 결과 이승만 정부는 선거에서 이겼어요.

나 이승만 정부의 부정 선거 소식이 알려지자 마산, 광주 등 여러 도시에서 이에 항의하는 ❺시위가 일어났어요. 마산에서 시위에 참여하였다가 실종되었던 고등학생 김주열의 시신이 마산 앞바다에서 발견되면서 시위는 전국으로 번져 나갔어요. 4월 19일에는 전국에서 많은 사람이 참여하는 큰 시위가 벌어졌어요(4·19 혁명, 1960년). 경찰이 시위대를 향해 무차별적으로 총을 쏘아 많은 사람이 죽거나 다쳤으나 시위는 계속 이어졌어요. 대학교수들도 시위에 ❻동참하였어요. 마침내 4월 26일 이승만은 국민의 요구를 받아들여 대통령 자리에서 물러났어요. 이로써 3·15 부정 선거는 무효가 되었고, 바뀐 헌법에 따라 새로 구성된 국회는 다음 대통령으로 윤보선을 선출하였어요.

다 4·19 혁명은 학생과 시민 등 다양한 계층이 힘을 합쳐 독재 정권을 물리친 민주주의 혁명이었어요. 4·19 혁명 과정에서 많은 시민과 학생들이 희생되었고, 우리 국민은 4·19 혁명을 계기로 민주적인 절차와 과정을 무시하고 들어선 정권은 국민 스스로 바로잡아야 한다고 생각하게 되었지요. 4·19 혁명은 이후 민주주의가 위기를 맞을 때마다 우리나라의 민주주의를 지켜 내는 ❼밑거름이 되었어요.

052쪽
053쪽

중심 낱말 찾기
01 각 문단의 중심 낱말을 찾아 쓰세요.

가 문단: 3·15 | 부 | 정 | 선 | 거 |의 내용

나 문단: 4 | · | 19 | 혁 | 명 |의 전개 과정과 결과

다 문단: 학 | 생 |과 시민의 힘으로 독재 정권을 물리친 민주주의 혁명

내용 이해
02 ⊙에 해당하는 내용으로 알맞지 않은 것은 무엇인가요? [✎ ②]
① 투표한 용지를 불태워 없앴다.
② 남성만 투표에 참여할 수 있게 하였다.
③ 미리 찍은 투표용지를 넣은 투표함으로 바꾸었다.
④ 유권자들에게 돈이나 물건을 주면서 이승만 정부에 투표하도록 하였다.
⑤ 3명 또는 5명씩 조를 짜서 투표한 후 조장에게 투표 내용을 알리게 하였다.
도움말 | ②는 이승만 정부가 3·15 부정 선거에서 저지른 부정에 해당하지 않아요.

내용 이해
03 4·19 혁명의 원인이 된 사건으로 알맞은 것은 무엇인가요? [✎ ⑤]
① 갑신정변　　　② 을미사변　　　③ 3·1 운동
④ 을사늑약 체결　　　⑤ 3·15 부정 선거

❶ **독재:** 민주적인 절차를 부정하고 통치자의 독단으로 행하는 정치
❷ **정부통령:** 대통령과 부통령을 아울러 이르는 말
❸ **부정:** 올바르지 아니하거나 옳지 못함.
❹ **유권자:** 선거할 권리를 가진 사람
❺ **시위:** 많은 사람들이 요구 조건을 내걸고 집회나 행진을 하며 의사를 표시하는 행동
❻ **동참:** 어떤 모임이나 일에 같이 참가함.
❼ **밑거름:** 어떤 일을 이루는 데 기초가 되는 부분

내용 이해
04 4·19 혁명 과정에서 있었던 일을 순서에 맞게 번호를 쓰세요.

①	④	③	②
3·15 부정 선거가 일어났다.	이승만이 대통령 자리에서 물러났다.	4월 19일에 전국에서 많은 사람이 참여하는 큰 시위가 벌어졌다.	고등학생 김주열의 시신이 마산 앞바다에서 발견되었다.

내용 이해
05 다음 질문에 잘못 답한 어린이는 누구인지 쓰세요.

> 4·19 혁명은 어떤 결과를 가져왔을까요?

지은 3·15 부정 선거가 무효가 되었어요.

해영 김구가 새 대통령으로 선출되었어요.

민호 헌법이 바뀌고 국회가 새로 구성되었어요.

✎ 해영

도움말 | 나 문단에서 4·19 혁명의 결과 새 대통령으로 윤보선이 선출되었다는 내용을 확인할 수 있어요.

내용 추론
06 다음 자료를 토대로 사람들이 4·19 혁명에 참여한 이유는 무엇인지 쓰세요.

> 지금 대한민국의 학생들은 우리나라의 민주주의를 위해 싸웁니다. …… 우리들이 아니면 누가 하겠습니까? 저는 아직 철이 없는 줄 압니다. 그러나 나라와 민족을 위하는 길이 무엇인지는 잘 알고 있습니다. - 한성여자중학교 진영숙 학생이 시위에 나가면서 쓴 편지

✎ 사람들이 힘을 합쳐 독재 정권을 물리치고 민주주의를 지켜 내기 위해 4·19 혁명에 참여하였다.

054쪽
055쪽

01 다음 낱말의 뜻을 찾아 선으로 이으세요.

1 독재 ——— ⓒ 민주적인 절차를 부정하고 통치자의 독단으로 행하는 정치

2 부정 ——— ⊙ 올바르지 아니하거나 옳지 못함.

3 정부통령 ——— ⓛ 대통령과 부통령을 아울러 이르는 말

02 다음 문장의 빈칸에 들어갈 낱말을 보기에서 찾아 쓰세요.

보기
　　　　동참　　　투표　　　밑거름

1 시민들의 (동참)(으)로 모금 운동은 성공적으로 끝이 났다.
2 그동안의 경험을 (밑거름)(으)로 삼아 더욱 힘써 공부할 것이다.
3 국회 의원들은 (투표)을/를 통해 이승만을 초대 대통령으로 뽑았다.

03 '시위'가 다음과 같은 뜻으로 쓰인 문장이 아닌 것은 무엇인가요? [✎ ③]

> 많은 사람들이 요구 조건을 내걸고 집회나 행진을 하며 의사를 표시하는 행동

① 군인들이 시위를 폭력적으로 진압하였다.
② 3·1 운동은 전 민족이 참여한 만세 시위였다.
③ 시위에 화살을 걸어 잡아당겼다가 놓았더니 화살이 날아갔다.
④ 전국에서 백만 명이 넘는 사람들이 반독재 민주화 시위에 참여하였다.
⑤ 촛불 집회는 시민들이 자발적으로 참여하는 대표적인 시위 형태로 자리 잡았다.

056쪽
057쪽

글을 읽으면서 중요하다고 생각하는 낱말에 색칠해 보세요.

가 4·19 혁명 이후 국민은 민주적인 사회가 올 것이라는 기대를 하고 있었어요. 그러나 국민의 **바람**과는 달리 새로운 정부가 들어선지 1년도 되지 않아 박정희를 중심으로 한 일부 군인들이 무력으로 정권을 잡았어요(5·16 군사 **정변**, 1961년). 이들은 대통령 중심제로 헌법을 바꾸었어요. 그리고 이 헌법에 따라 치러진 선거에서 박정희가 대통령에 당선되었어요. 그 뒤에 치러진 두 번의 선거에서 연이어 대통령에 당선된 박정희는 계속해서 대통령을 하려고 하였어요. 그래서 대통령직을 3회까지 할 수 있도록 헌법을 바꾸고 다시 대통령이 되었지요.

나 박정희는 대통령에 당선되었으나, 이후 국내외 **정세**가 박정희 정부에 불리해졌어요. 그러자 박정희 정부는 1972년 10월에 ⊙ 유신 헌법을 제정하였어요. 유신 헌법에 따라 대통령 선출 방법이 **직선제**에서 **간선제**로 바뀌었어요. 그리고 대통령을 할 수 있는 횟수를 제한하지 않아 박정희 정부는 사실상 **영구** 집권을 할 수 있게 되었지요. 또한 대통령에게 국회 의원 3분의 1을 추천할 수 있는 권리, 국회를 해산할 수 있는 권리, 긴급한 상황이 발생하였을 때 국민의 일상적인 업무나 활동 등을 제재할 수 있는 긴급 조치권 등 강력한 권한이 주어졌어요.

다 유신 체제가 성립하자 언론, 노동, 학생 계층 등은 유신 헌법의 폐지를 요구하는 민주화 운동을 곳곳에서 전개하였어요. 그러나 유신 헌법으로 막강한 권한을 가지게 된 박정희 정부는 국민의 기본적인 권리를 빼앗으며 민주화 운동을 탄압하였지요. 그럼에도 불구하고 유신 체제에 반대하는 움직임은 계속 되었어요. 그러던 중 1979년 부산과 마산에서는 유신 헌법 폐지와 독재 반대를 외치는 대규모 시위가 전개되었어요(부마 민주 항쟁). 이 사건의 처리 문제를 두고 박정희 정부 내부에서는 갈등이 벌어졌는데, 이 과정에서 박정희 대통령이 부하에게 살해당하면서 유신 체제는 **붕괴**되었어요(10·26 사태).

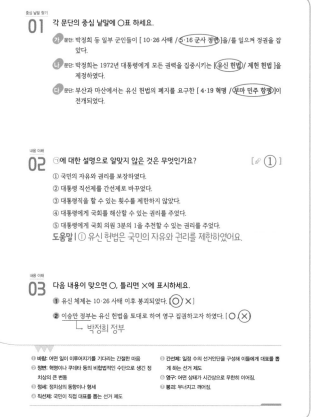

중심 낱말 찾기
01 각 문단의 중심 낱말에 ○표 하세요.

가 문단: 박정희 등 일부 군인들이 [10·26 사태 / ⓞ5·16 군사 정변ⓞ]을/를 일으켜 정권을 잡았다.

나 문단: 박정희는 1972년 대통령에게 모든 권력을 집중시키는 [ⓞ유신 헌법ⓞ / 제헌 헌법]을 제정하였다.

다 문단: 부산과 마산에서는 유신 헌법의 폐지를 요구한 [4·19 혁명 / ⓞ부마 민주 항쟁ⓞ]이 전개되었다.

내용 이해
02 ⊙에 대한 설명으로 알맞지 않은 것은 무엇인가요? [✐ ①]

① 국민의 자유와 권리를 보장하였다.
② 대통령직선제를 간선제로 바꾸었다.
③ 대통령을 할 수 있는 횟수를 제한하지 않았다.
④ 대통령에게 국회를 해산할 수 있는 권리를 주었다.
⑤ 대통령에게 국회 의원 3분의 1을 추천할 수 있는 권리를 주었다.

도움말 | ① 유신 헌법은 국민의 자유와 권리를 제한하였어요.

내용 이해
03 다음 내용이 맞으면 ○, 틀리면 ✕에 표시하세요.

① 유신 체제는 10·26 사태 이후 붕괴되었다. [ⓞ○ⓞ ✕]

② ~~이승만~~ 정부는 유신 헌법을 토대로 하여 영구 집권하고자 하였다. [○ ⓞ✕ⓞ]
   └─ 박정희 정부

⊙ **바람:** 어떤 일이 이루어지기를 기다리는 간절한 마음
⊙ **정변:** 혁명이나 쿠데타 등의 비합법적인 수단으로 생긴 정치상의 큰 변동
⊙ **정세:** 정치상의 동향이나 형세
⊙ **직선제:** 국민이 직접 대표를 뽑는 선거 제도
⊙ **간선제:** 일정 수의 선거인단을 구성해 이들에게 대표를 뽑게 하는 선거 제도
⊙ **영구:** 어떤 상태가 시간상으로 무한히 이어짐.
⊙ **붕괴:** 무너지고 깨어짐.

058쪽
059쪽

내용 이해
04 (가)에 들어갈 내용으로 알맞은 것은 무엇인가요? [✐ ⑤]

5·16 군사 정변과 유신 체제의 붕괴 ▶ 5·16 군사 정변 발생 → 유신 헌법 제정 → (가) → 유신 체제 붕괴

① 4·19 혁명 ② 6·25 전쟁 ③ 5·10 총선거
④ 3·15 부정 선거 ⑤ 부마 민주 항쟁

도움말 | 1972년에 유신 헌법이 제정된 후 1979년에 유신 헌법 폐지를 외치는 부마 민주 항쟁이 일어났어요.

내용 이해
05 (가), (나) 중 각 문단을 내용에 알맞게 분류한 것의 기호를 쓰세요.

(가)
박정희 정부의 수립 **가, 나** 문단 + 유신 체제의 성립과 붕괴 **다** 문단

(나)
박정희 정부의 수립 **가** 문단 + 유신 체제의 성립과 붕괴 **나, 다** 문단

✐ (나)

내용 추론
06 이 글을 읽고 유신 체제가 성립되었던 시기의 상황을 바르게 이해한 어린이는 누구인지 쓰세요.

선우 국민이 직접 대통령을 뽑았어. → 대통령 간선제가 실시되었어요.
유미 대통령직은 한 번만 할 수 있었어. → 대통령을 할 수 있는 횟수를 제한하지 않았어요.
재호 대통령이 국민의 기본적인 권리를 제한할 수 있었어. 제한하지 않았어요.

✐ 재호

01 다음 뜻을 나타내는 낱말에 ○표 하세요.

① 무너지고 깨어짐. [폐지 / ⓞ붕괴ⓞ]
② 어떤 상태가 시간상으로 무한히 이어짐. [ⓞ영구ⓞ / 합구]
③ 국민이 직접 대표를 뽑는 선거 제도 [간선제 / ⓞ직선제ⓞ]

02 다음 밑줄 친 낱말의 뜻을 보기에서 찾아 기호를 쓰세요.

보기
⊙ 정치상의 동향이나 형세
ⓒ 혁명이나 쿠데타 등의 비합법적인 수단으로 생긴 정치상의 큰 변동
ⓒ 국민이 권력을 가지고 그 권력을 스스로 행사하는 제도. 또는 그런 정치를 지향하는 사상

① 국내 <u>정세</u>가 불안하자 사회가 어수선해지고 민심이 흉흉해졌다. (⊙)
② <u>민주</u> 선거의 기본 원칙은 보통 선거, 직접 선거, 평등 선거, 비밀 선거이다. (ⓒ)
③ 김옥균 등은 우정총국을 세운 것을 축하하는 기념식에서 새로운 정부를 구성하는 <u>정변</u>을 일으켰다. (ⓒ)

03 다음 빈칸에 공통으로 들어갈 낱말로 알맞은 것은 무엇인가요? [✐ ④]

• 나의 (바람)대로 내일은 흰 눈이 왔으면 좋겠다.
• 축구공에 (바람)을/를 가득 넣어 부풀어 오르게 하였다.

① 공기 ② 기체 ③ 마음 ④ 바람 ⑤ 생각

글을 읽으면서 중요하다고 생각하는 낱말에 색칠해 보세요.

가 박정희 정부가 끝이 나자 국민들은 독재 정치가 끝나고 민주 사회가 올 것이라고 기대하였어요. 그러나 전두환을 중심으로 한 ⁰신군부가 불법적으로 군대를 동원하여 권력을 장악하였어요(12·12 사태, 1979년). 학생과 시민들은 신군부의 ⁰퇴진과 민주화를 요구하며 지속적으로 시위를 벌여 나갔어요. 신군부는 이를 막기 위해 ⁰계엄령을 전국으로 확대하고 민주화 운동을 탄압하였지요.

나 1980년 5월 18일 전라남도 광주에서 계엄령 철폐와 민주화를 요구하는 큰 시위가 일어났어요. 신군부는 시위를 진압할 계엄군을 광주에 보냈어요. 계엄군은 시위에 참가한 학생과 시민들을 폭력적으로 진압하였고, 이 과정에서 수많은 사람이 다치거나 목숨을 잃었어요. 이에 분노한 광주 시민들은 ⁰시민군을 만들어 계엄군에 맞섰어요(5·18 민주화 운동, 1980년). 계엄군은 광주로 통하는 교통과 통신을 ⁰차단하여 광주 사람들이 다른 지역의 사람들과 접촉하지 못하도록 하였어요. 그리고 언론이 광주에서 일어난 일을 사실대로 전하는 것을 막았어요.

다 계엄군에 의해 ⁰고립된 광주에서는 시민들이 스스로 질서를 유지하며 힘든 상황을 함께 헤쳐 나가고자 하였어요. 시민들은 음식을 만들어 시민군에게 나누어 주었고, 부상자를 돕기 위해 의료 봉사를 하였어요. 그러나 계엄군이 전라남도 도청에 모여 끝까지 저항하던 시민군을 무력으로 진압하면서 5·18 민주화 운동은 끝이 났어요. 이 과정에서 수많은 광주 시민들이 희생되었어요.

라 5·18 민주화 운동은 부당한 정권에 맞서 민주주의를 지키려는 시민의 의지를 보여 주는 사건이었어요. 또한 우리나라의 민주주의 발전에 밑거름이 되었지요. 1997년 정부는 5·18 민주화 운동이 일어난 5월 18일을 국가 기념일로 지정하였어요. 5·18 민주화 운동 당시의 상황을 알려 주는 기록, 사진 자료 등은 2011년에 그 가치를 인정받아 유네스코 세계 기록 유산으로 ⁰등재되었어요.

중심 낱말 찾기

01 다음 ㉠에 들어갈 낱말을 이 글에서 찾아 쓰세요.

1980년 5월 전라남도 광주에서 (㉠)이/가 일어나 계엄령 철폐와 민주화를 요구하는 큰 시위가 전개되었다.

✎ 5·18 민주화 운동

내용 이해

02 이 글의 내용과 일치하지 않는 것은 무엇인가요? [✎ ③]

① 신군부는 계엄령을 확대하고 민주화 운동을 탄압하였다.
② 박정희 정부가 끝나고 국민들은 민주 사회가 올 것을 기대하였다.
③ 박정희가 중심이 된 군인들은 12·12 사태를 통해 권력을 장악하였다.
④ 5·18 민주화 운동 기록물은 유네스코 세계 기록 유산으로 등재되었다.
⑤ 1997년 정부는 5·18 민주화 운동을 기억하기 위해 5월 18일을 국가 기념일로 지정하였다.
도움말 | ③ 1979년 전두환을 중심으로 한 신군부가 12·12 사태를 통해 권력을 장악하였어요.

내용 이해

03 5·18 민주화 운동에 대한 내용이 맞으면 ○, 틀리면 ×에 표시하세요.

① 학생과 시민들은 계엄령에 맞서 민주화를 요구하였다. [⭕ / ✕]
② 계엄군이 비폭력적인 방법으로 학생과 시민들의 시위를 진압하였다. [○ / ⓧ]
┗ 폭력적인 방법
③ 언론은 계엄군 때문에 광주에서 일어난 일을 사실대로 전할 수 없었다. [⭕ / ✕]

❶ **신군부**: 새로 권력을 잡은 군인 세력
❷ **퇴진**: 어떤 지위나 직책에서 물러남.
❸ **계엄령**: 전쟁이나 내란 등 국가의 비상사태가 일어났을 때, 질서 유지를 위해 군대를 동원하는 일
❹ **시민군**: 시민들이 스스로 조직한 군대
❺ **차단**: 다른 것과의 관계나 접촉을 막거나 끊음.
❻ **고립**: 다른 사람과 어울리어 사귀지 아니하거나 도움을 받지 못하여 외톨이로 됨.
❼ **등재**: 일정한 사항을 장부나 대장에 올림.

060쪽
061쪽

내용 이해

04 다음 ㉠, ㉡에 들어갈 말을 **보기**에서 골라 기호를 쓰세요.

보기
시민군   계엄군   계엄령

신군부가 (㉠)을/를 광주에 보내 시위를 폭력적으로 진압하자 이에 분노한 광주 시민들은 (㉡)을/를 만들어 이에 맞섰다.

✎ ㉠ 계엄군   ㉡ 시민군

내용 이해

05 이 글을 읽고 5·18 민주화 운동이 일어났을 당시의 상황을 잘못 말한 어린이는 누구인지 쓰세요.

수연 광주 시민들은 어려움에 처한 이웃을 도와주지 않았어.
윤호 당시 국민들은 광주에서 일어난 5·18 민주화 운동을 잘 몰랐을 거야.
지수 민주주의를 지키고자 한 많은 광주 시민이 계엄군의 진압으로 희생되었어.

✎ 수연

도움말 | 광주 시민들은 음식을 만들어 시민군에게 나누어 주었고, 부상자를 돕기 위해 의료 봉사를 하였어요.

내용 추론

06 다음 자료에 기록된 사건에 대한 설명으로 알맞은 것은 무엇인가요? [✎ ④]

우리는 왜 총을 들 수밖에 없었는가? …… 계엄 당국은 18일 오후부터 공수 부대를 대량 투입하여 시내 곳곳에서 학생, 젊은이들에게 무차별 살상을 자행하였으니!
– 광주 시민의 궐기문(1980. 5. 25.)

① 10·26 사태로 실패하였다.
② 4·19 혁명의 배경이 되었다.
③ 12·12 사태의 원인이 되었다.
④ 계엄령 철폐와 민주화를 요구하였다.
⑤ 유신 체제가 성립되는 배경이 되었다.
도움말 | 제시된 자료는 5·18 민주화 운동 당시 광주 시민들이 시민군을 조직하게 된 이유를 설명하고 있어요. 5·18 민주화 운동은 계엄령 철폐와 민주화를 요구하며 일어났어요.

---

01 다음 낱말의 뜻을 찾아 선으로 이으세요.

1 고립 ── ㉠ 일정한 사항을 장부나 대장에 올림.

2 등재 ── ㉡ 다른 사람과 어울리어 사귀지 아니하거나 도움을 받지 못하여 외톨이로 됨.

3 계엄령 ── ㉢ 전쟁이나 내란 등 국가의 비상사태가 일어났을 때, 질서 유지를 위해 군대를 동원하는 일

02 다음 문장의 빈칸에 들어갈 낱말을 **보기**에서 찾아 쓰세요.

보기
독재   의지   차단   희생

① 그는 이번 일을 이루려는 굳은 (의지)을/를 보였다.
② 여름이 덥고 건조한 그리스는 집을 지을 때 벽을 두껍게 하여 열을 (차단)한다.
③ 매해 5월 18일에 기념식을 개최하여 5·18 민주화 운동 당시 (희생)된 사람들을 추모하고 있다.
④ 시리아에서는 30년간 대통령의 (독재)이/가 이어졌고 학생들은 이에 반대하는 시위를 벌였다.

03 다음 글에서 밑줄 친 낱말과 바꾸어 쓸 수 있는 낱말은 무엇인가요? [✎ ④]

회원들은 이번 사건과 관련된 책임자들을 격렬히 비난하면서 이들의 사퇴를 요구하였다.

① 입사   ② 진입   ③ 참여   ④ 퇴진   ⑤ 합류

062쪽
063쪽

15 6월 민주 항쟁

글을 읽으면서 중요하다고 생각하는 낱말에 색칠해 보세요.

㉮ 전두환은 5·18 민주화 운동을 강제로 진압한 뒤 간접 선거로 대통령이 되었어요. 이후 전두환 정부는 신문과 방송이 정부를 비판하는 내용을 내보내지 못하게 하였으며, 민주화를 요구하는 국민을 탄압하였어요. 전두환 정부의 ❶강압 정치로 국민의 불만이 높아지는 가운데 민주화 운동에 참여하였던 대학생 박종철이 강제로 경찰에 끌려가 ❷고문을 받다가 사망하는 사건이 발생하였어요.

㉯ 학생과 시민들은 박종철 학생 사망 사건과 관련된 책임자 처벌, 고문 금지, 대통령 직선제 등을 요구하였어요. 그러나 전두환 정부는 대통령 직선제를 비롯한 국민의 요구를 받아들이지 않겠다고 발표하였어요. 시민들은 정부의 발표에 분노하였고, 많은 지역에서 시위가 이어졌어요. 이 과정에서 시위에 참여하였던 대학생 이한열이 경찰이 쏜 ❸최루탄에 맞아 쓰러졌어요. 이에 학생과 시민들은 전두환 정부의 독재에 반대하고 대통령 직선제를 요구하며 전국 각지에서 큰 시위를 벌였지요(6월 민주 항쟁, 1987년).

㉰ 시위가 계속되자 결국 전두환 정부는 당시 ❹여당의 대통령 후보인 노태우를 통해 대통령 직선제를 포함한 국민의 민주화 요구를 받아들이겠다고 발표하였어요 (6·29 민주화 선언, 1987년). 6·29 민주화 선언에는 대통령 직선제 시행뿐만 아니라 언론의 자유 보장, 인간의 ❺존엄성 보장, ❻지방 자치제 시행 등의 내용이 있었지요. 6·29 민주화 선언에 따라 헌법이 바뀌었고 법이 새롭게 만들어졌어요.

㉱ 6월 민주 항쟁은 학생과 시민들이 힘을 합쳐 군사 정권을 끝내고 민주적인 정부 수립의 길을 열었다는 점에서 큰 의의가 있어요. 6월 민주 항쟁으로 우리 사회 여러 분야에서 민주적인 제도가 만들어졌으며, 시민들의 민주주의 의식이 크게 높아졌습니다. 또한 자유로운 정치 활동이 가능해지면서 시민들의 정치 참여 기회도 많아졌어요.

---

01 각 문단의 중심 낱말을 찾아 쓰세요.

㉮ 문단: 민주화 를 요구하는 국민을 탄압한 전두환 정부

㉯ 문단: 6 월 민 주 항 쟁 의 전개

㉰ 문단: 대통령 직 선 제 시행 등을 발표한 6·29 민주화 선언

㉱ 문단: 6월 민주 항쟁 이후 시민들의 정 치 참여 확대

02 6월 민주 항쟁 당시 학생과 시민들이 주장한 내용으로 알맞은 것을 두 가지 고르세요. [✐ ① , ④]

① 대통령 직선제를 실시하라.
② 3·15 부정 선거는 무효이다.
③ 정부는 마산 사건을 책임져라.
④ 전두환 정부의 독재에 반대한다.
⑤ 이승만 정부는 유신 헌법을 폐지하라.

도움말 | 6월 민주 항쟁 당시 학생과 시민들은 전두환 정부의 독재에 반대하고 대통령 직선제를 요구하며 전국 각지에서 큰 시위를 벌였어요.

03 이 글의 내용과 일치하도록 괄호 안의 낱말 중 알맞은 것에 ○표 하세요.

① 1987년에 일어난 6월 민주 항쟁의 결과 [유신 헌법 / (6·29 민주화 선언)]이 발표되었다.

② 6월 민주 항쟁은 학생과 시민들의 힘으로 [(군사) / 민주] 정권을 끝내고 [군사 / (민주)] 정부 수립의 길을 열었다는 점에서 큰 의미가 있다.

❶ 강압: 강한 힘이나 권력으로 강제로 억누름.
❷ 고문: 숨기고 있는 사실을 강제로 알아내기 위하여 육체적·정신적 고통을 주며 캐어물음.
❸ 최루탄: 눈물을 자극하여 눈물을 흘리게 하는 약이나 물질을 넣은 탄환
❹ 여당: 현재 정권을 잡고 있는 정당
❺ 존엄성: 감히 범할 수 없는 높고 엄숙한 성질
❻ 지방 자치제: 지방의 행정을 지방 주민이 선출한 기관을 통하여 처리하는 제도

---

04 6월 민주 항쟁 과정에서 있었던 일을 순서에 맞게 번호를 쓰세요.

3	1	2	4
많은 지역에서 이어진 시위 과정에서 대학생 이한열이 경찰이 쏜 최루탄에 맞아 쓰러졌다.	대학생 박종철이 강제로 경찰에 끌려가 고문을 받다가 사망하였다.	전두환 정부가 대통령 직선제 등 국민의 요구를 받아들이지 않겠다고 발표하였다.	전두환 정부가 대통령 직선제를 포함한 민주화 요구를 받아들이겠다고 발표하였다.

05 6월 민주 항쟁이 우리나라의 민주화에 끼친 영향을 잘못 이해한 어린이는 누구인지 쓰세요.

인재: 시민들의 정치 참여 기회가 많아지는 데 영향을 주었어요.
아영: 시민들의 민주주의 의식이 크게 낮아지는 데 영향을 주었어요.
현수: 우리 사회에 민주적인 제도가 만들어지는 데 영향을 주었어요.

✐ 아영

도움말 | 6월 민주 항쟁으로 시민들의 민주주의 의식이 크게 높아졌어요.

06 다음은 6·29 민주화 선언에 담긴 내용을 표현한 그림이에요. 그림에 알맞은 내용을 보기 에서 찾아 기호를 쓰세요.

보기
㉠ 언론의 자유 보장   ㉡ 지방 자치제 시행   ㉢ 대통령 직선제 시행

① 대통령을 국민이 직접 뽑아요.
② 언론이 자유롭게 사실을 전할 수 있어요.
③ ○○시 정기 의회 / 주민들 스스로 지역의 일을 결정해요.

① [✐ ㉢]   ② [✐ ㉠]   ③ [✐ ㉡]

---

01 다음 뜻을 나타내는 낱말에 ○표 하세요.

① 현재 정권을 잡고 있는 정당 [(여당) / 야당]

② 감히 범할 수 없는 높고 엄숙한 성질 [영구성 / (존엄성)]

③ 강한 힘이나 권력으로 강제로 억누름. [(강압) / 기압]

02 다음 문장의 빈칸에 들어갈 낱말을 보기 에서 찾아 쓰세요.

보기
고문   기회   분노   처벌

① 법은 모두가 공정한 (기회) 속에서 평등하게 살아갈 수 있게 해 준다.

② 국회에서는 법률을 고쳐 방역 수칙을 어긴 사람을 (처벌)하는 기준을 높였다.

③ 유관순은 일제의 혹독한 (고문)을/를 이기지 못하고 감옥에서 목숨을 잃었다.

④ 신라 말 진성 여왕이 관리를 보내 조세를 독촉하자 농민의 (분노)이/가 폭발하였다.

03 다음 글의 밑줄 친 '열다'와 같은 뜻으로 사용된 문장은 무엇인가요? [✐ ③]

1987년 학생과 시민들은 6월 민주 항쟁을 통해 군사 정권을 끝내고 민주적인 정부 수립의 길을 열었다.

① 가방을 열어 책을 꺼냈다.
② 부여는 12월에 영고라는 제천 행사를 열었다.
③ 왕건은 고려를 건국함으로써 새 왕조를 열었다.
④ 우리 동네 빵집의 문 여는 시간은 오전 10시이다.
⑤ 영주는 잠시 침묵을 지킨 뒤 곧 담담하게 입을 열었다.

16 민주주의의 발달과 오늘날 사회 공동의 문제

글을 읽으면서 중요하다고 생각하는 낱말에 색칠해 보세요.

가 6월 민주 항쟁의 결과 대통령 선출 방법을 직선제로 바꾸는 새 헌법이 제정되었어요. 새 헌법에 따라 1987년 시행된 제13대 대통령 선거에서 노태우 후보가 당선되었지요. 국민의 힘으로 일구어 낸 대통령 직선제는 오늘날까지 계속 시행되고 있으며, 국민은 직접 선거를 통해 대통령을 뽑고 있어요.

나 6월 민주 항쟁 이후 지방 자치제도 [*]부활하였어요. 지방 자치제는 1952년에 처음 시행되었으나, 5·16 군사 정변으로 사실상 중단되었지요. 그 뒤 1991년에 지방 의회 선거가 다시 치러졌으며, 1995년에 지방 의회 의원과 지방 [*]자치 단체장을 모두 주민 투표로 선출하면서 지방 자치제가 자리 잡았어요. 지방 자치제는 지역 주민이 직접 뽑은 지방 의회 의원과 지방 자치 단체장이 그 지역의 일을 처리하는 제도예요. 지방 자치제가 시행되어 주민들은 지역의 문제를 스스로 해결하고자 다양한 의견을 제시하고, 지역의 대표는 주민들의 의견을 수렴하여 지역 문제를 민주적으로 해결할 수 있게 되었어요.

다 한편, 6월 민주 항쟁 이전까지 시민들은 주로 대규모 집회를 열어 사회 공동의 문제를 해결하는 데 참여하였어요. 그러나 오늘날 시민들은 투표, 촛불 집회, 1인 시위, [*]캠페인, [*]서명 운동 등 다양한 방식으로 인권, [*]복지, 환경 등과 같은 사회 공동의 문제를 해결하는 데 참여해요. 최근에는 정보 통신 기술이 발달하면서 공공 기관 누리집이나 누리 소통망 서비스(SNS)에 자신의 의견을 올리는 시민들도 많아졌어요. 이 밖에도 시민들은 공청회에 참석하여 전문가의 설명을 듣고 의견을 나누기도 하고 [*]시민 단체나 [*]정당에 가입하여 적극적으로 활동하기도 해요.

라 이처럼 오늘날 시민들이 다양한 방식으로 사회 공동의 문제 해결에 참여하면서 우리 사회의 많은 문제가 민주적으로 해결되고 있어요. 그리고 이를 바탕으로 우리 사회가 진정한 민주 사회로 발전할 수 있게 되었어요.

중심 낱말 찾기
01 각 문단의 중심 낱말을 찾아 쓰세요.

068쪽
069쪽

가 문단: 6월 민주 항쟁 이후 대통령 **직선제** 의 시행

나 문단: 6월 민주 항쟁 이후 **지방 자치제** 의 부활

다 문단: 오늘날 시민들이 **사회** 공동의 문제를 해결하는 방식

라 문단: 진정한 **민주** 사회로 발전하는 우리 사회

내용 이해
02 다음 민주주의 제도와 그 의미를 선으로 이으세요.

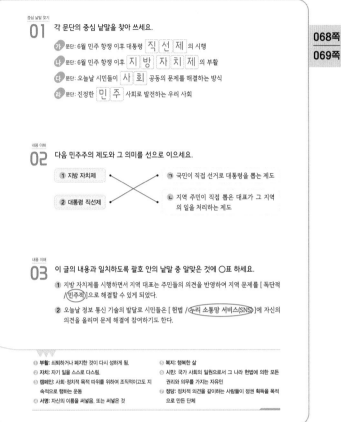

1 지방 자치제 — ㉠ 국민이 직접 선거로 대통령을 뽑는 제도

2 대통령 직선제 — ㉡ 지역 주민이 직접 뽑은 대표가 그 지역의 일을 처리하는 제도

내용 이해
03 이 글의 내용과 일치하도록 괄호 안의 낱말 중 알맞은 것에 ○표 하세요.

1 지방 자치제를 시행하면서 지역 대표는 주민들의 의견을 반영하여 지역 문제를 [독단적 / (민주적)]으로 해결할 수 있게 되었다.

2 오늘날 정보 통신 기술의 발달로 시민들은 [헌법 / (누리 소통망 서비스(SNS))]에 자신의 의견을 올리며 문제 해결에 참여하기도 한다.

㉠ 부활: 쇠퇴하거나 폐지된 것이 다시 성하게 됨.
㉡ 자치: 자기 일을 스스로 다스림.
㉢ 캠페인: 사회·정치적 목적 따위를 위하여 조직적이고도 지속적으로 행하는 운동
㉣ 서명: 자신의 이름을 써넣음. 또는 써넣은 것
㉤ 복지: 행복한 삶
㉥ 시민: 국가 사회의 일원으로서 그 나라 헌법에 의한 모든 권리와 의무를 가지는 자유민
㉦ 정당: 정치적 의견을 같이하는 사람들이 정권 획득을 목적으로 만든 단체

내용 이해
04 오늘날 시민들이 사회 공동의 문제 해결에 참여하는 방식으로 알맞은 것에 ○표 하세요.

투표	○	서명 운동	○
상소문 작성			
캠페인 활동	○	군사 정변 참여	

내용 이해
05 다음 ㉠, ㉡에 들어갈 말을 이 글에서 찾아 쓰세요.

오늘날 시민들은 사회 공동의 문제 해결을 위해 전문가의 설명을 듣고 의견을 나누는 회의인 (㉠)에 참석하기도 하고, 정치적 의견을 같이하는 사람들이 모여 만든 단체인 (㉡)에 가입하여 활동하기도 한다.

㉠ **공청회**   ㉡ **정당**

도움말 | 오늘날 시민들은 공청회 참석, 정당 가입 등 다양한 방식으로 사회 공동의 문제 해결에 참여하고 있어요.

내용 추론
06 다음 자료를 보고 추론한 우리 사회의 모습으로 알맞은 것은 무엇인가요? [⑤]

▲ 1991년 서울특별시 의회 개원 축하식 모습   ▲ 1995년 지방 선거의 개표 모습

① 민주주의가 쇠퇴하였을 거야.
② 군사 정권이 수립되었을 거야.
③ 지방 자치제가 폐지되었을 거야.
④ 국민이 대통령을 간접 선거로 뽑았을 거야.
⑤ 지역 주민들의 정치 참여가 활발해졌을 거야.

---

01 다음 낱말의 뜻을 찾아 선으로 이으세요.

070쪽
071쪽

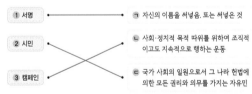

1 서명 — ㉠ 자신의 이름을 써넣음. 또는 써넣은 것

2 시민 — ㉡ 사회·정치적 목적 따위를 위하여 조직적이고도 지속적으로 행하는 운동

3 캠페인 — ㉢ 국가 사회의 일원으로서 그 나라 헌법에 의한 모든 권리와 의무를 가지는 자유민

02 다음 밑줄 친 낱말의 뜻을 보기 에서 찾아 기호를 쓰세요.

보기
㉠ 행복한 삶
㉡ 쇠퇴하거나 폐지한 것이 다시 성하게 됨.
㉢ 여러 사람이 어떤 목적을 위하여 일시적으로 모이는 일

1 학교 축제가 4년 만에 부활하여 지금 한창 벌어지고 있다. (㉡)

2 장애인, 노인, 임산부 등의 기본권을 보장하여 이들의 복지 증진에 이바지해야 한다. (㉠)

3 국권을 빼앗은 일제는 한국인의 언론·출판·집회·결사의 자유를 빼앗아 정치 활동을 금지하였다. (㉢)

03 다음 글에서 밑줄 친 낱말과 바꾸어 쓸 수 있는 낱말은 무엇인가요? [③]

오랜 시간에 걸쳐 이야기를 나눈 끝에 회의 참석자들의 서로 다른 의견이 하나로 수렴되었다.

① 교체   ② 대체   ③ 정리   ④ 확산   ⑤ 확장

072쪽
073쪽

글을 읽으면서 중요하다고 생각하는 낱말에 색칠해 보세요.

가 6·25 전쟁으로 공장, 발전소 등 각종 산업 시설이 파괴되고 식량과 생활필수품이 부족해졌어요. 정부는 경제를 살리기 위해 농업 중심의 산업 구조를 공업 중심의 산업 구조로 바꾸려고 노력하였지요. 이 시기에는 산업을 키울 자본과 기술이 부족하였기 때문에 외국에서 지원받은 밀, 사탕수수, 면화와 같은 ˙원료로 밀가루, 설탕, 면직물 등을 만드는 산업이 주로 발전하였어요.

나 1960년대에 정부는 경제 성장을 위해 ˙경제 개발 5개년 계획을 추진하였어요. 당시 우리나라는 자본과 기술은 부족하였지만 노동력이 풍부하였지요. 따라서 정부는 가발, 의류, 신발과 같이 많은 노동력이 필요한 ˙경공업을 육성하여 수출을 늘리는 데 힘썼어요. 특히 화학 비료, 시멘트, ˙정유 등 산업 발전에 기초가 되는 공업을 육성하였고, 공장에서 생산한 제품을 운반하여 수출할 수 있도록 도로와 ˙항만 시설을 건설하였지요.

다 1970년대에 정부는 우리나라의 산업 구조를 경공업 중심에서 철강, 석유 화학, ˙조선, 기계, 전자 등 ˙중화학 공업 중심으로 바꾸려고 노력하였어요. 중화학 공업은 경공업보다 많은 돈과 높은 기술력이 필요한 산업이에요. 따라서 정부는 교육 시설과 연구소를 설립하고, 기업에는 낮은 이자율로 돈을 빌려주었지요. 정부가 철강, 석유 화학 산업을 적극 육성하면서 포항에 제철소가 건설되고, 구미 등에 큰 공업 단지가 세워졌으며, 거제 등에 대형 선박을 만드는 조선소가 설립되었어요.

라 1980년대에는 기존의 철강, 석유 화학 산업과 함께 기계, 전자 산업이 발달하였어요. 이에 따라 자동차, 정밀 기계, 기계 부품, 텔레비전 등이 주요 수출품으로 자리 잡았지요. 그 결과 중화학 공업 제품의 생산 비중이 경공업을 크게 넘어서게 되었어요. 우리나라의 산업 구조가 경공업에서 중화학 공업 중심으로 바뀌면서 수출액이 증가하고, 사람들의 생활 수준이 높아졌답니다.

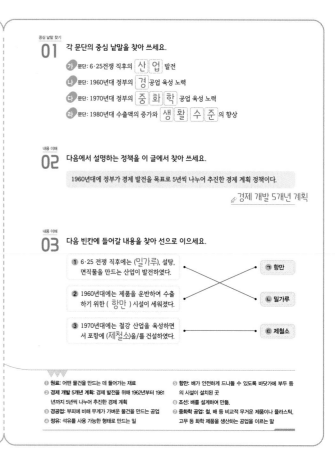

01 각 문단의 중심 낱말을 찾아 쓰세요.

가 문단: 6·25전쟁 직후의 산업 발전
나 문단: 1960년대 정부의 경공업 육성 노력
다 문단: 1970년대 정부의 중화학 공업 육성 노력
라 문단: 1980년대 수출액의 증가와 생활 수준의 향상

02 다음에서 설명하는 정책을 이 글에서 찾아 쓰세요.

> 1960년대에 정부가 경제 발전을 목표로 5년씩 나누어 추진한 경제 계획 정책이다.

✏️ 경제 개발 5개년 계획

03 다음 빈칸에 들어갈 내용을 찾아 선으로 이으세요.

① 6·25 전쟁 직후에는 (밀가루), 설탕, 면직물을 만드는 산업이 발전하였다. —— ㉠ 항만

② 1960년대에는 제품을 운반하여 수출하기 위한 (항만) 시설이 세워졌다. —— ㉡ 밀가루

③ 1970년대에는 철강 산업을 육성하면서 포항에 (제철소)을/를 건설하였다. —— ㉢ 제철소

- ❶ 원료: 어떤 물건을 만드는 데 들어가는 재료
- ❷ 경제 개발 5개년 계획: 경제 발전을 위해 1962년부터 1981년까지 5년씩 나누어 추진한 경제 계획
- ❸ 경공업: 부피에 비해 무게가 가벼운 물건을 만드는 공업
- ❹ 정유: 석유를 사용 가능한 형태로 만드는 일
- ❺ 항만: 배가 안전하게 드나들 수 있도록 바닷가에 부두 등의 시설이 설치된 곳
- ❻ 조선: 배를 설계하여 만듦.
- ❼ 중화학 공업: 철, 배 등 비교적 무거운 제품이나 플라스틱, 고무 등 화학 제품을 생산하는 공업을 이르는 말

074쪽
075쪽

04 이 글의 내용과 일치하도록 괄호 안의 낱말 중 알맞은 것에 ○표 하세요.

① 1980년대 우리나라에서는 [의류 /(자동차)]가 주요 수출품으로 자리 잡았다.

② 1960년대에 정부는 풍부한 [자본 /(노동력)]을 바탕으로 한 경공업을 육성하였다.

③ 6·25 전쟁 이후 정부는 산업 구조를 [(공업)/ 농업] 중심으로 바꾸고자 노력하였다.

05 이 글의 내용과 일치하도록 다음 ㉠, ㉡에 들어갈 알맞은 말을 쓰세요.

구분	경공업	(㉠)
의미	비교적 가벼운 물건을 만드는 공업	비교적 무거운 제품이나 화학 제품을 생산하는 공업
발달 시기	(㉡)	1970년대와 1980년대

✏️ ㉠: 중화학 공업   ㉡: 1960년대

06 이 글을 읽고 다음과 같이 산업을 분류한 까닭은 무엇인지 쓰세요.

> 가발, 의류, 철강, 석유 화학, 전자
>
> 가발, 의류 | 철강, 석유 화학, 전자

✏️ 가발, 의류 산업과 같은 경공업은 많은 노동력이 필요한 산업이고, 철강, 석유 화학, 전자 산업 등 중화학 공업은 경공업보다 많은 돈과 높은 기술력이 필요한 산업이다.

07 ㉠ 이후에 변화한 우리나라의 경제 모습을 추론한 것으로 알맞지 <u>않은</u> 것은 무엇인가요? [✏️ ④]

① 수출액이 크게 증가하였을 것이다.
② 사람들의 생활 수준이 높아졌을 것이다.
③ 산업 구조가 중화학 공업 중심으로 바뀌었을 것이다.
④ 많은 노동력이 필요한 제품을 주로 수출하게 되었을 것이다.
⑤ 중화학 공업 제품의 생산 비중이 경공업을 넘어섰을 것이다.

도움말 | ④는 경공업이 발달하였던 1960년대와 관련이 있는 것으로, 1970년대 이후 중화학 공업 발달로 변화한 모습으로 알맞지 않아요.

01 다음 낱말의 뜻을 찾아 선으로 이으세요.

① 원료 —— ㉠ 배를 설계하여 만듦.
② 정유 —— ㉡ 어떤 물건을 만드는 데 들어가는 재료
③ 조선 —— ㉢ 석유를 사용 가능한 형태로 만드는 일

02 다음 문장의 빈칸에 들어갈 낱말을 **보기**에서 찾아 쓰세요.

> **보기**
> 기초   복구   운반

① 공민왕은 고려 왕실의 호칭과 관청의 옛 제도를 (복구)하여 자주성을 회복하려 하였다.

② 오늘날 우리나라 행정 구역은 조선 시대에서 정한 행정 구역을 (기초)(으)로 정해졌다.

③ 조선 수군은 바다를 지켜 냄으로써 바다로 무기와 식량을 (운반)하려던 일본군의 계획을 막을 수 있었다.

03 다음 중 두 낱말의 관계가 제시한 낱말의 관계와 같은 것은 무엇인가요? [✏️ ③]

> 수출 - 수입

① 돈 - 자본   ② 도로 - 길   ③ 건설 - 파괴
④ 육성 - 양성   ⑤ 진행 - 추진

18 1990년대 이후 경제 성장과 사회 변화

글을 읽으면서 중요하다고 생각하는 낱말에 색칠해 보세요.

㉮ 1990년대에는 전기, 전자 산업이 발달하였어요. 컴퓨터와 가전제품의 생산이 늘어나면서 핵심 부품인 반도체의 중요성도 커졌지요. 우리나라 기업들은 1970년대부터 반도체를 연구하여 1990년대에는 세계적으로 인정받는 반도체를 생산하였어요. 1990년대 후반에는 전국에 초고속 정보 통신망이 설치되었어요. 이에 따라 인터넷 관련 기업들이 늘어나고, 정보 통신 기술과 관련된 산업도 함께 발전하였지요.

㉯ 2000년대 이후부터는 첨단 산업이 발달하였어요. 첨단 산업은 높은 기술력이 필요하며, 경제적 가치가 매우 큰 산업이에요. 대표적으로 생물이 지닌 고유한 기능을 산업에 이용하는 생명 공학 기술 산업, 항공기나 미사일, 로켓 등을 만드는 항공 우주 산업, 새로운 특성의 물질을 개발하는 신소재 산업, 로봇을 개발하거나 활용하는 로봇 산업 등이 있어요. 이와 함께 관광 산업, °금융 산업, 문화 예술 산업, 의료 서비스 산업 등 서비스 산업도 발달하였어요.

㉰ 우리나라의 경제는 짧은 시간 동안 빠르게 성장하였어요. 경제 성장으로 생산 능력과 °소득 규모가 커졌지요. 경제가 성장함에 따라 사회 모습도 크게 변화하였어요. 특히 교통, 통신 등의 분야에서 큰 변화가 있었어요. 도로와 철도 교통이 발달하면서 전국이 하나의 °생활권으로 연결되었고, 통신 기술이 발달하면서 많은 사람이 휴대 전화와 인터넷을 사용하게 되었지요.

㉱ 경제 성장으로 우리나라의 °위상이 높아지며 다른 나라와 교류하는 모습도 바뀌었어요. 가계 소득이 늘어나면서 해외로 여행을 떠나는 사람이 많아졌고, 우리나라로 여행을 오는 외국인 관광객도 늘어났어요. 그리고 대중문화가 발달하면서 우리나라의 우수한 문화 상품이 제작되어 해외로 퍼져 나갔지요. 그 결과 우리나라의 대중가요, 영화, 드라마 등이 전 세계인이 즐기는 °한류 문화로 자리 잡았어요. 또한 우리나라는 세계인이 모이는 다양한 국제 행사를 성공적으로 개최하였답니다.

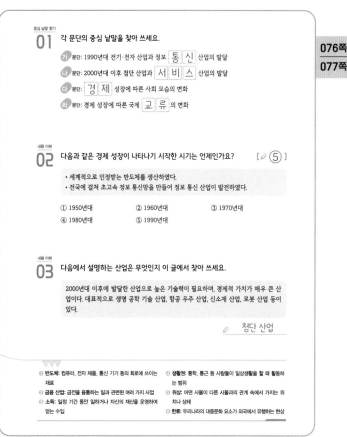

중심 낱말 찾기
01 각 문단의 중심 낱말을 찾아 쓰세요.

㉮ 문단: 1990년대 전기·전자 산업과 정보 **통 신** 산업의 발달

㉯ 문단: 2000년대 이후 첨단 산업과 **서 비 스** 산업의 발달

㉰ 문단: **경 제** 성장에 따른 사회 모습의 변화

㉱ 문단: 경제 성장에 따른 국제 **교 류** 의 변화

내용 이해
02 다음과 같은 경제 성장이 나타나기 시작한 시기는 언제인가요? [✎⑤]

- 세계적으로 인정받는 반도체를 생산하였다.
- 전국에 걸쳐 초고속 정보 통신망을 만들어 정보 통신 산업이 발전하였다.

① 1950년대 ② 1960년대 ③ 1970년대
④ 1980년대 ⑤ 1990년대

내용 이해
03 다음에서 설명하는 산업은 무엇인지 이 글에서 찾아 쓰세요.

2000년대 이후에 발달한 산업으로 높은 기술력이 필요하며, 경제적 가치가 매우 큰 산업이다. 대표적으로 생명 공학 기술 산업, 항공 우주 산업, 신소재 산업, 로봇 산업 등이 있다.

✎ **첨단 산업**

① 반도체: 컴퓨터, 전자 제품, 통신 기기 등의 회로에 쓰이는 재료
② 금융 산업: 금전을 융통하는 일과 관련된 여러 가지 사업
③ 소득: 일정 기간 동안 일하거나 자신의 재산을 운영하여 얻는 수입
④ 생활권: 통학, 통근 등 사람들이 일상생활을 할 때 활동하는 범위
⑤ 위상: 어떤 사물이 다른 사물과의 관계 속에서 가지는 위치나 상태
⑥ 한류: 우리나라의 대중문화 요소가 외국에서 유행하는 현상

076쪽
077쪽

내용 이해
04 다음 밑줄 친 '서비스 산업'에 해당하는 산업은 무엇인가요? [✎④]

2000년대 이후 사람들에게 즐거움이나 편리함을 주는 다양한 서비스 산업이 발달하고 있다.

① ▲ 의료 산업 ② ▲ 철강 산업 ③ ▲ 자동차 산업 ④ ▲ 문화 예술 산업

도움말 | 서비스 산업에는 문화 예술 산업, 관광 산업, 금융 산업, 의료 서비스 산업 등이 있어요.

내용 이해
05 이 글의 내용과 일치하지 않는 것은 무엇인가요? [✎③]

① 교통의 발달로 전국이 하나의 생활권으로 연결되었다.
② 우리나라는 1970년대부터 반도체를 연구하기 시작하였다.
③ 우리나라는 경제가 성장하면서 생산 능력과 소득 규모가 작아졌다.
④ 생물이 지닌 고유한 기능을 산업에 이용한 것은 생명 공학 기술 산업이다.
⑤ 우리나라는 세계인이 모이는 다양한 국제 행사를 성공적으로 개최하였다.

도움말 | ③ 우리나라의 경제는 짧은 시간 동안 빠르게 성장하였고, 경제 성장으로 생산 능력과 소득 규모가 커졌어요.

내용 추론
06 경제 성장으로 달라진 오늘날 사람들의 모습을 바르게 말한 어린이는 누구인지 쓰세요.

소영 | 외국인들이 한국의 가수와 대중가요에 열광하기도 해.
재석 | 휴대 전화와 인터넷을 사용하는 사람들이 점점 줄어들고 있어.
현우 | 가계 소득이 줄면서 해외로 여행을 떠나는 사람을 보기 어려워졌어.

✎ **소영**

---

01 다음 뜻을 나타내는 낱말에 ○표 하세요.

① 어떤 사물이 다른 사물과의 관계 속에서 가지는 위치나 상태 [(위상) / 향상]
② 일정 기간 동안 일하거나 자신의 재산을 운영하여 얻는 수입 [(소득) / 소비]
③ 통학, 통근 등 사람들이 일상생활을 할 때 활동하는 범위 [(생활권) / 생활력]

02 다음 문장의 빈칸에 들어갈 낱말을 보기 에서 찾아 쓰세요.

보기
가치 연결 편리

① 신라는 한강을 차지함으로써 고구려와 백제의 (**연결**)을/를 차단하였다.
② 교통수단과 교통로가 발달하면서 좀 더 빠르고 (**편리**)하게 이동할 수 있다.
③ 조선왕조실록은 그 (**가치**)을/를 인정받아 1997년에 유네스코 세계 기록 유산으로 등재되었다.

03 다음 글의 밑줄 친 '퍼지다'와 같은 뜻으로 사용된 문장을 보기 에서 찾아 기호를 쓰세요.

신라 말에 널리 퍼진 풍수지리설은 미래의 운명을 예언하는 도참사상과 결합하여 더욱 성행하였다.

보기
㉠ 오래 끓인 라면이 푹 퍼져서 탱탱 불었다.
㉡ 사람들은 목적지에 도착하자 지쳐서 폭 퍼졌다.
㉢ 대구에서 국채 보상 운동이 일어나 전국으로 퍼져 나갔다.

✎ **㉢**

078쪽
079쪽

080쪽
081쪽

글을 읽으면서 중요하다고 생각하는 낱말에 색칠해 보세요.

가 독도는 우리나라 동쪽 끝에 있는 섬이며 [1]행정 구역으로는 경상북도 울릉군에 속해요. 동도와 서도, 89개의 크고 작은 바위섬으로 이루어져 있지요. 독도는 화산 폭발로 솟은 용암이 굳어져 만들어진 화산섬으로 독특한 지형들이 많아요. 독도에는 다양한 동식물이 [2]서식하고 있으며, [3]수산 자원이 풍부해요. 우리나라는 독도를 [4]천연기념물 제336호로 지정하여 보호하고 있어요.

나 독도는 예부터 우리나라의 고유한 영토예요. 이는 다양한 역사 자료에서 확인할 수 있어요. 『세종실록지리지』(1454년)에는 독도가 조선의 영토라는 사실과 울릉도에서 독도를 직접 눈으로 볼 수 있다는 지리적 특징이 기록되어 있어요. 『신증동국여지승람』에 수록된 지도인 「팔도총도」(1531년)에는 우산도(독도의 옛 이름)가 조선의 영토에 포함되어 있지요. 대한 제국 [5]칙령 제41호(1900년)에서는 석도(독도의 옛 이름)를 울릉군의 [6]관할 구역으로 포함한다는 것을 명확히 하였어요.

다 일본은 독도가 자기 나라의 땅이라는 억지 주장을 하고 있어요. 그러나 일본의 옛 기록에도 독도가 우리나라의 영토라는 사실이 명백히 나타나 있지요. 당시 일본의 최고 행정 기관인 태정관에서는 태정관 지령(1877년)을 통해 울릉도와 독도가 일본의 영토와 관계가 없다는 것을 명심하라는 지시를 내렸어요. 독도가 우리나라의 영토라는 사실은 국제적으로도 인정받았어요. 연합국 최고 사령관 각서 제677호(1946년)에는 일본의 행정 범위에서 울릉도와 독도를 제외한다는 내용이 있어요.

라 우리나라는 옛날부터 독도를 지키려고 많은 노력을 하였어요. 어부 안용복은 일본으로부터 독도가 우리나라 땅임을 확인하였고, 울도군(울릉군) 군수 심흥택은 일본이 독도를 일본 영토로 만들려는 것을 알고 이를 정부에 보고하였어요. 오늘날에도 정부나 민간단체, 개인이 우리나라의 소중한 영토인 독도를 지키고자 다양하게 활동하고 있어요.

중심 낱말 찾기

01 다음 빈칸에 공통으로 들어갈 낱말을 쓰세요.

- **독도** 은/는 동도와 서도, 그리고 주변의 크고 작은 바위섬 89개로 이루어져 있다.
- **독도** 은/는 예부터 우리나라의 고유한 영토로, 국제적으로도 우리나라 영토임을 인정받았다.

✏️ 독도

내용 이해

02 독도에 대한 설명으로 알맞지 <u>않은</u> 것은 무엇인가요? [✏️ ③]

① 경상북도 울릉군에 속한다.
② 다양한 동식물이 살고 있다.
③ 우리나라 서쪽 끝에 있는 섬이다.
④ 천연기념물 제336호로 지정되었다.
⑤ 화산 폭발로 솟은 용암이 굳어져 만들어진 화산섬이다.

도움말 | ③ 독도는 우리나라의 영토에서 가장 동쪽에 있는 섬이에요.

내용 이해

03 독도가 기록된 역사 자료로 알맞지 <u>않은</u> 것은 무엇인가요? [✏️ ②]

① 태정관 지령
② 조선사연구초
③ 세종실록지리지
④ 대한 제국 칙령 제41호
⑤ 연합국 최고 사령관 각서 제677호

도움말 | ② 『조선사연구초』는 일제 강점기에 신채호가 쓴 역사책으로 우리 역사의 주인이 한국인임을 강조하였어요.

❶ **행정 구역**: 행정 기관의 권한이 미치는 범위의 일정한 구역. 특별시, 광역시, 도, 군, 읍, 면 따위
❷ **서식**: 생물 등이 일정한 곳에 자리를 잡고 삶.
❸ **수산**: 바다나 강 따위의 물에서 남. 또는 그런 산물
❹ **천연기념물**: 가치가 높아 나라에서 보호하려고 정해 놓은 자연환경
❺ **칙령**: 임금이 내린 명령
❻ **관할**: 일정한 권한을 가지고 통제하거나 지배함. 또는 그런 지배가 미치는 범위

082쪽
083쪽

내용 이해

04 다음에서 설명하는 인물을 이 글에서 찾아 쓰세요.

① 일본으로부터 독도가 우리나라 땅임을 확인하였다. (안용복)

② 일본이 독도를 일본 영토로 만들려는 것을 알고 이를 정부에 보고하였다. (심흥택)

내용 이해

05 각 문단의 중심 내용을 선으로 이으세요.

① 가 문단 ———— ㉠ 독도를 지키려는 노력
② 나 문단 ———— ㉡ 독도의 위치와 자연환경
③ 다 문단 ———— ㉢ 독도에 관한 다른 나라의 옛 기록
④ 라 문단 ———— ㉣ 독도에 관한 우리나라의 옛 기록과 옛 지도

내용 추론

06 다음 빈칸에 들어갈 내용으로 알맞지 않은 것을 보기에서 골라 기호를 쓰세요.

- 독도는 일본이 자기 나라의 땅이라고 주장하고 있으므로 일본의 영토로 보아야 합니다.
- 아닙니다. _____ 옛날부터 독도를 한국의 영토로 인식하였다는 것을 확인할 수 있습니다. 따라서 독도는 한국의 고유한 영토입니다.

보기
㉠ 팔도총도에 독도가 조선의 영토에 포함되어 있는 것을 통해
㉡ 세종실록지리지에 독도가 조선의 영토라는 사실이 기록되어 있는 것을 통해
㉢ 태정관 지령에 울릉도와 독도가 일본 영토와 관계없다는 것을 명심하라는 지시가 있는 것을 통해
㉣ 연합국 최고 사령관 각서 제677호에 한국의 행정 범위에서 울릉도와 독도를 제외한다는 내용이 있는 것을 통해

✏️ ㉣

도움말 | ㉣ 연합국 최고 사령관 각서 제677호에 일본의 행정 범위에서 울릉도와 독도를 제외한다는 내용이 있어요.

---

01 다음 낱말의 뜻을 찾아 선으로 이으세요.

① 서식 ———— ㉠ 임금이 내린 명령
② 칙령 ———— ㉡ 생물 등이 일정한 곳에 자리를 잡고 삶.
③ 수산 ———— ㉢ 바다나 강 따위의 물에서 남. 또는 그런 산물

02 다음 밑줄 친 낱말의 뜻을 보기에서 찾아 기호를 쓰세요.

보기
㉠ 책이나 잡지에 실음.
㉡ 일정한 권한을 가지고 통제하거나 지배함.
㉢ 하급자가 상급자에게 일에 관한 내용이나 결과를 말이나 글로 알림.

① 일연이 쓴 삼국유사에는 고조선을 세운 단군의 건국 이야기가 <u>수록</u>되었다. (㉠)

② 발해는 왕 아래 정당성, 선조성, 중대성을 두고 정당성 아래 6부를 둘로 나누어 <u>관할</u>하게 하였다. (㉡)

③ 조선 시대 암행어사는 수령의 비리와 백성의 어려움을 찾아보고 돌아와 왕에게 사실대로 <u>보고</u>하였다. (㉢)

03 다음 중 두 낱말의 관계가 제시한 낱말의 관계와 같은 것은 무엇인가요? [✏️ ③]

우산도 - 독도

① 정부 - 개인
② 한국 - 일본
③ 한양 - 서울
④ 안용복 - 심흥택
⑤ 신증동국여지승람 - 팔도총도

20 남북통일을 위한 노력

084쪽
085쪽

글을 읽으면서 중요하다고 생각하는 낱말에 색칠해 보세요.

가 우리나라는 광복 이후 남과 북에 서로 다른 정부가 세워지면서 남한과 북한으로 분단되었고, 6·25 전쟁을 겪으면서 분단이 굳어졌어요. 오랜 시간 분단이 지속되면서 남한과 북한에서는 언제 전쟁이 일어날지 모른다는 불안감이 계속되고 있고, 해마다 막대한 ^①국방비를 지출하고 있어요. 또한 이산가족들이 슬픔을 겪고 있으며, 남한과 북한에서 사용하는 언어, 문화와 생활 모습이 서로 달라지고 있어요.

나 남북통일을 이룬다면, 전쟁의 불안감이 사라진 평화로운 나라를 만들 수 있어요. 국방비를 줄여 다른 분야에 사용할 수 있고, 남북한의 자원을 ^②효율적으로 이용하여 경제적으로 성장할 수 있어요. 또한 이산가족 문제를 해결하고, 남한과 북한의 문화적 차이로 나타나는 문제를 극복할 수 있어요. 한반도의 위치적 장점을 활용한다면 세계 여러 나라와 더욱 활발하게 교류할 수도 있어요.

다 남한과 북한은 통일을 위해 정치, 경제, 사회·문화 분야에서 교류하고 ^③협력해 왔어요. 정치 분야에서는 1991년에 남한과 북한의 대표단이 만나 평화를 위한 남북 화해와 교류 및 협력 등의 내용이 담긴 남북 기본 합의서를 ^④채택하였어요. 이후 2000년, 2007년, 2018년에는 남한과 북한의 ^⑤정상이 만나 한반도의 평화와 발전을 이루고자 함께 노력하기로 하였어요.

라 경제 분야에서는 2005년에 남북이 합의하여 개성 공단을 만들고 이곳에서 남한의 자본과 기술에 북한의 노동력을 결합하여 물건을 제작하였어요. 또한 남북 간 끊어진 도로와 철도를 연결하여 교류와 협력을 늘리고자 노력하였어요.

마 남한과 북한은 사회·문화 분야에서도 교류하였어요. 1985년 이산가족의 고향 방문을 시작으로, 여러 차례 이산가족 ^⑥상봉이 이루어졌어요. 또한 남한과 북한의 예술가들이 함께 공연하기도 하고, 2018년 평창 동계 올림픽 대회에서는 남한과 북한 선수들이 한반도기를 들고 함께 입장하며 평화의 의미를 세계에 전하였지요.

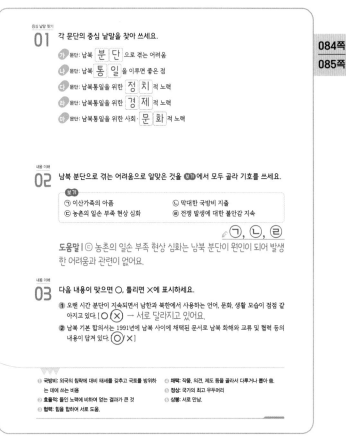

중심 낱말 찾기

01 각 문단의 중심 낱말을 찾아 쓰세요.

가 문단: 남북 **분단**으로 겪는 어려움
나 문단: 남북 **통일**을 이루면 좋은 점
다 문단: 남북통일을 위한 **정치**적 노력
라 문단: 남북통일을 위한 **경제**적 노력
마 문단: 남북통일을 위한 사회·**문화**적 노력

내용 이해

02 남북 분단으로 겪는 어려움으로 알맞은 것을 **보기**에서 모두 골라 기호를 쓰세요.

보기
㉠ 이산가족의 아픔
㉡ 막대한 국방비 지출
㉢ 농촌의 일손 부족 현상 심화
㉣ 전쟁 발생에 대한 불안감 지속

㉠, ㉡, ㉣

도움말 | ㉢ 농촌의 일손 부족 현상 심화는 남북 분단이 원인이 되어 발생한 어려움과 관련이 없어요.

내용 이해

03 다음 내용이 맞으면 ○, 틀리면 ✕에 표시하세요.

1 오랜 시간 분단이 지속되면서 남한과 북한에서 사용하는 언어, 문화, 생활 모습이 점점 같아지고 있다. [○ / ✕] → 서로 달라지고 있어요.
2 남북 기본 합의서는 1991년에 남북 사이에 채택된 문서로 남북 화해와 교류 및 협력 등의 내용이 담겨 있다. [○ / ✕]

① **국방비**: 외국의 침략에 대비 태세를 갖추고 국토를 방위하는 데에 쓰는 비용.
② **효율적**: 들인 노력에 비하여 얻는 결과가 큰 것.
③ **협력**: 힘을 합하여 서로 도움.
④ **채택**: 작품, 의견, 제도 등을 골라서 다루거나 뽑아 씀.
⑤ **정상**: 국가의 최고 우두머리.
⑥ **상봉**: 서로 만남.

내용 이해

04 다음 질문에 잘못 답한 어린이는 누구인지 쓰세요.

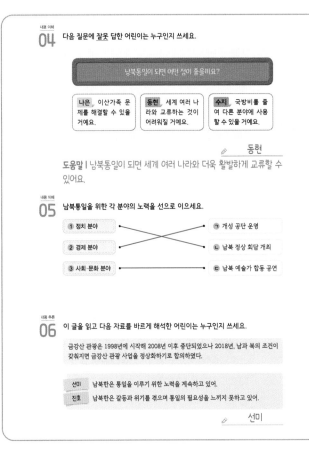

남북통일이 되면 어떤 점이 좋을까요?

나은 이산가족 문제를 해결할 수 있을 거예요.
동현 세계 여러 나라와 교류하는 것이 어려워질 거예요.
수지 국방비를 줄여 다른 분야에 사용할 수 있을 거예요.

동현

도움말 | 남북통일이 되면 세계 여러 나라와 더욱 활발하게 교류할 수 있어요.

내용 이해

05 남북통일을 위한 각 분야의 노력을 선으로 이으세요.

1 정치 분야 — ㉡ 남북 정상 회담 개최
2 경제 분야 — ㉠ 개성 공단 운영
3 사회·문화 분야 — ㉢ 남북 예술가 합동 공연

내용 추론

06 이 글을 읽고 다음 자료를 바르게 해석한 어린이는 누구인지 쓰세요.

금강산 관광은 1998년에 시작해 2008년 이후 중단되었으나 2018년, 남과 북의 조건이 갖춰지면 금강산 관광 사업을 정상화하기로 합의하였다.

선미 남북한은 통일을 이루기 위한 노력을 계속하고 있어.
진호 남북한은 갈등과 위기를 겪으며 통일의 필요성을 느끼지 못하고 있어.

선미

086쪽
087쪽

01 다음 뜻을 나타내는 낱말을 쓰세요.

1 서로 만남. **상봉**
2 힘을 합하여 서로 도움. **협력**
3 외국의 침략에 대비 태세를 갖추고 국토를 방위하는 데에 쓰는 비용 **국방비**

02 다음 문장의 빈칸에 들어갈 낱말을 **보기**에서 찾아 쓰세요.

보기
정상   결합   채택   자원

1 물은 산소와 수소의 (**결합**)으로 이루어진다.
2 김대중 정부는 분단 이후 처음으로 남북 (**정상**) 회담을 개최하였다.
3 극지방에서는 석유와 천연가스 등 (**자원**) 개발이 활발하게 이루어지고 있다.
4 세계 인권 선언을 (**채택**)한 12월 10일을 세계 인권의 날로 정해 기념하고 있다.

03 다음 글에서 밑줄 친 낱말과 바꾸어 쓸 수 있는 낱말은 무엇인가요? [②]

• 그는 열심히 일하여 막대한 재산을 모았다.
• 일주일째 수돗물이 나오지 않아 영업에 막대한 지장을 받고 있다.

① 귀한   ② 많은   ③ 적은   ④ 특별한   ⑤ 하찮은

01 다음 밑줄 친 '이 단체'를 쓰세요.

> <u>이 단체</u>는 1896년 서재필 등이 조직한 것으로 독립문 건설, 만민 공동회 개최 등의 활동을 하였다.

✎ 독립 협회

02 다음 활동을 한 인물은 누구인가요?
[✎ ③]

> 1909년 중국의 하얼빈역에서 이토 히로부미를 저격하였다.

① 민영환　　　② 신돌석
③ 안중근　　　④ 안창호

도움말 | 안중근은 우리나라 침략에 앞장선 이토 히로부미를 저격하였어요.

03 다음 중 검색 결과로 알맞지 <u>않은</u> 것은 무엇인가요?
[✎ ④]

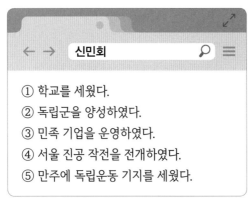

← → 신민회 🔍 ≡

① 학교를 세웠다.
② 독립군을 양성하였다.
③ 민족 기업을 운영하였다.
④ 서울 진공 작전을 전개하였다.
⑤ 만주에 독립운동 기지를 세웠다.

도움말 | ④ 서울 진공 작전은 항일 의병들이 시도하였어요.

04 1910년대 일제의 식민 통치 내용으로 알맞지 <u>않은</u> 것은 무엇인가요?
[✎ ②]

① 태형 실시
② 신사 참배 강요
③ 조선 총독부 설치
④ 토지 조사 사업 시행

도움말 | ②는 1930년대 이후 일제의 식민 통치 내용이에요.

05 다음에서 설명하는 민족 운동을 쓰세요.

> 1919년 3월 1일에 민족 대표들이 독립을 선언하고, 학생과 시민이 만세 시위를 벌였다.

✎ 3·1 운동

06 대한민국 임시 정부에 대한 설명으로 알맞은 것을 [보기]에서 고른 것은 무엇인가요?
[✎ ②]

> **보기**
> ㉠ 대통령 중심제를 채택하였다.
> ㉡ 대통령에 이승만을 선출하였다.
> ㉢ 사회주의 정치 체제를 갖추었다.
> ㉣ 삼권 분립의 원칙에 따라 구성하였다.

① ㉠, ㉡　　　② ㉠, ㉡, ㉣
③ ㉡, ㉢, ㉣　　　④ ㉠, ㉡, ㉢, ㉣

도움말 | ㉢ 대한민국 임시 정부는 국민에게 주권이 있는 민주주의 정치 체제를 갖추었어요.

07 다음에서 설명하는 단체는 무엇인가요?
[✎ ②]

> 대한민국 임시 정부가 1940년에 창설한 군대로 태평양 전쟁에 참여하고, 미군과 함께 국내로 들어가 전투를 벌일 계획을 세웠다.

① 대한 독립군　　　② 한국 광복군
③ 한인 애국단　　　④ 북로 군정서

도움말 | 한국 광복군은 대한민국 임시 정부의 정규군이었어요.

08 다음 [보기]에서 신채호가 쓴 책을 모두 골라 기호를 쓰세요.

> **보기**
> ㉠ 광야　　　㉡ 을지문덕전
> ㉢ 조선사연구초　　　㉣ 우리말 큰사전

✎ ㉡, ㉢

도움말 | 신채호는 『이순신전』, 『을지문덕전』, 『조선사연구초』 등의 책을 썼어요.

09 ㉠, ㉡에 들어갈 내용을 알맞게 연결한 것은 무엇인가요? [✐ ①]

1945년 8월 15일, 우리나라는 (㉠)을 맞이하였다. 이후 38도선을 기준으로 북쪽과 남쪽에 소련과 (㉡)이 각각 군대를 머물게 하여 한반도에서 영향력을 넓혀 가려고 하였다.

	㉠	㉡
①	광복	미국
②	광복	중국
③	분단	미국
④	분단	중국

도움말 | 우리나라는 일본이 연합국에 항복하면서 광복을 맞이하였으나, 이후 38도선을 기준으로 한반도의 북쪽에 소련이, 남쪽에 미국의 군대가 머물게 되었어요.

10 (가)에 들어갈 퀴즈의 정답을 쓰세요.

1948년 5·10 총선거에서 뽑힌 국회 의원으로 구성된 국회는 뭘까?

한국사 스피드 퀴즈

(가)

✐ 제헌 국회

11 6·25 전쟁에 대한 설명으로 알맞지 <u>않은</u> 것은 무엇인가요? [✐ ②]

① 국제 연합군이 참여하였다.
② 국군이 북한을 침략한 전쟁이다.
③ 정전 협정이 체결되면서 마무리되었다.
④ 많은 이산가족이 생기는 결과를 낳았다.
⑤ 군인뿐만 아니라 많은 민간인이 죽게 되었다.

도움말 | ② 6·25 전쟁은 1950년 6월 25일 새벽, 북한이 남한을 침략한 전쟁이었어요.

12 다음 설명과 관련된 민주주의 운동을 쓰세요.

배경	3·15 부정 선거
결과	이승만이 대통령 자리에서 물러남.

✐ 4·19 혁명

도움말 | 4·19 혁명은 3·15 부정 선거를 배경으로 하여 1960년에 일어났어요.

13 유신 헌법에 대해 바르게 말한 어린이는 누구인가요? [✐ ③]

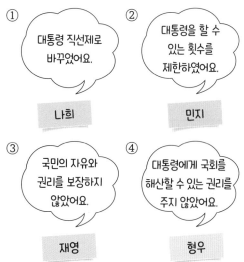

① 대통령 직선제로 바꾸었어요. 나희
② 대통령을 할 수 있는 횟수를 제한하였어요. 민지
③ 국민의 자유와 권리를 보장하지 않았어요. 재영
④ 대통령에게 국회를 해산할 수 있는 권리를 주지 않았어요. 형우

도움말 | 유신 헌법은 대통령 직선제를 간선제로 바꾸었고, 대통령을 할 수 있는 횟수를 제한하지 않았어요. 또한 대통령에게 국회를 해산할 수 있는 권리를 주었어요.

14 다음 민주주의 운동이 일어난 순서대로 바르게 나열한 것은 무엇인가요? [✐ ②]

(가) 4·19 혁명
(나) 6월 민주 항쟁
(다) 5·18 민주화 운동

① (가)-(나)-(다) ② (가)-(다)-(나)
③ (나)-(가)-(다) ④ (다)-(나)-(가)

도움말 | (가) 1960년 4·19 혁명 - (다) 1980년 5·18 민주화 운동 - (나) 1987년 6월 민주 항쟁의 순서로 전개되었어요.

15 다음 밑줄 친 '6·29 민주화 선언'의 내용으로 알맞지 <u>않은</u> 것은 무엇인가요? [✎ ④]

> 전두환 정부에 맞서 학생과 시민이 벌인 6월 민주 항쟁의 결과 <u>6·29 민주화 선언</u>이 발표되었다.

① 언론의 자유를 보장하겠다.
② 지방 자치제를 시행하겠다.
③ 인간의 존엄성을 보장하겠다.
④ 대통령 간선제를 시행하겠다.

도움말 | 시위가 계속되자 전두환 정부는 대통령 직선제를 포함한 국민의 민주화 요구를 받아들이겠다는 6·29 민주화 선언을 발표하였어요.

16 다음에서 설명하는 제도는 무엇인가요? [✎ ③]

> 지역 주민이 직접 뽑은 지방 의회 의원과 지방 자치 단체장이 그 지역의 일을 처리한다.

① 공청회
② 캠페인
③ 지방 자치제
④ 대통령 직선제

도움말 | 제시된 내용은 6월 민주 항쟁 이후 부활한 제도인 지방 자치제에 대한 것이에요.

17 우리나라의 경제 성장에 대한 설명으로 알맞은 것을 **보기**에서 고른 것은 무엇인가요? [✎ ③]

> **보기**
> ㉠ 1990년대에 반도체를 생산하였다.
> ㉡ 1960년대에는 첨단 산업이 발달하였다.
> ㉢ 1980년대에 기계, 전자 산업이 발전하였다.
> ㉣ 1970년대에는 산업 구조가 중화학 공업 중심으로 바뀌었다.

① ㉠, ㉡
② ㉡, ㉣
③ ㉠, ㉢, ㉣
④ ㉡, ㉢, ㉣

도움말 | ㉡ 1960년대에는 경공업을 육성하였어요. 첨단 산업은 2000년대 이후부터 발달하였어요.

18 다음 글의 주제로 알맞은 것은 무엇인가요? [✎ ④]

> 가계 소득이 늘어나면서 해외로 여행을 떠나는 사람이 많아졌고, 우리나라로 여행을 오는 외국인 관광객도 늘어났다. 한편, 우리나라는 세계인이 모이는 다양한 국제 행사를 개최하였다.

① 남북통일을 위한 노력
② 민주주의 운동의 전개
③ 오늘날 사회 공동의 문제
④ 경제 성장으로 인한 사회 변화

도움말 | 제시된 글은 경제 성장으로 우리 사회가 변화한 모습에 대해 설명하고 있어요.

19 다음 대화의 밑줄 친 '이 지역'은 어디인지 쓰세요.

이 지역은 동도와 서도, 89개의 작은 섬으로 이루어져 있어.

예부터 우리나라의 고유한 영토이지!

[✎ 독도]

20 남북통일을 위한 노력으로 알맞지 <u>않은</u> 것은 무엇인가요? [✎ ③]

① 개성 공단을 운영하였다.
② 남북 정상 회담을 열었다.
③ 막대한 국방비를 지출하였다.
④ 남북 예술단 합동 공연을 하였다.
⑤ 여러 차례 이산가족 상봉을 추진하였다.

도움말 | ③은 남북 분단으로 겪는 어려움과 관련이 있어요.

memo

memo